なぜ、あの学校は活力に満ちているのか？

プロジェクト型経営のススメ

吉田和夫

東洋館出版社

はじめに

1 「たらいの水と一緒に赤ん坊を流す」

今、学校が本来もっているはずの機能が低下しているのではないか？

そんな問題意識が根底にあります。

学校に求められている機能が、昔とは違ってきている、それに対応して学校が今、非常に変化しなければいけない時期にある、にもかかわらず、昔と同じような考えでやっている、また、変化を急ぐあまり、「たらいの水と一緒に赤ん坊を流してしまう」。こうしたことが現実に起きているように感じます。

うつの先生が多くなったり、病気の休暇が多くなったりするのは、学校という職場にかつてなかったストレスという巨大な負荷がかかっているからです。

ストレスの原因のひとつは人間関係です。職場のなかで、お互い同士が高め合え、支え合えるような人間関係を構築するのがむずかしくなってきているのです。

職場の人間関係を円滑にするのは、校長をはじめ主幹教諭までを含めた学校の経営層、リーダーの仕事です。

リーダーというのはどういう存在なのか。教育課程の管理、進捗状況の管理、それに危機管理もあります。しかし、一番の本質はやはり、職場の教員たちをやる気にさせることではないでしょうか。

このことは、学校経営に限らず、学級経営でも同じです。教育委員会の教育行政だって何ら変わりません。すべて同じベクトル（方向性）です。

一方、企業では人を育てるのは一つの手段。その目的は利潤の追求や社会的な価値の創生です。いずれも外に向けられたものですから、企業内部に目的を求めることはありません。しかし、教育現場は逆です。人を育てるという、学校内部にすべてのベクトルが向いています。

人を育てていく、その人によって育てられる子どもがいる、ということは、ベクトルは上から下まで全部、ずっと一致していることを意味します。

これは、思想や信条というものとは無関係です。

学校を構成するメンバーの人たち、すなわち、小学校の学級担任だったら児童、中・高校だったら生徒と、彼らとかかわり続ける教員たちが生き生きと、お互いにいいねと思える環境をつくればよいのです。それによってパフォーマンスが上がる、学力が上がる、可能性が上がる、能力が高まるのです。

これは一担任から、主幹教諭、校長はもちろん、指導主事や教育長まで一致しているはずです。むしろ一致していなければなりません。しかし、どうもそうではないのではないか、一致すべきところが一致していないのではないか、むしろ次第にズレてきているのではないか。このことに、いま大きな問題があると私は考えています。

2 組織の力で教師のやる気を引き出し、学校全体のパフォーマンスを高める

子どもを育てるはずの学校が人を育てる場にならなくなりつつあります。教育的ではない、人をうつにさせてしまうような発言があったり、人のやる気を奪うマイナスの指導があったりします。それによって、そんな管理職にはなりたくない、そんなリーダーになどなりたくないという、管理職を志向しない教員たちが増えています。

「生涯一教師」かつては教師の誇りとして語られる言葉でした。それが、いまでは（残念なことですが）「管理職になりたくないから教師のままでいい」そんな受け止めと表裏をなしています。

これからの学校のリーダーがやるべきことはひとつです。あまりあれこれ考える必要はありません。教師のやる気を高める、その一点です。参画力（ワーク・エンゲー

ジメント）というか、仕事に積極的にかかわりコミットする力を高めていく、そんな学校経営を行い、学校全体のパフォーマンスを高めることです。

教師は、もともと子どもとかかわることが好きだったり、誰かに何かを教えることが好きだったりして教職に就いた人たちです。そもそもやる気はあるはずです。そうかといって、そのやる気を極限まで高める、ということを目指すものではありません。そんなことをしようとしたら、仕事量と心の許容値がオーバーフローしてしまいます。

教師のやる気を高めるということは、教師がもともともっているやる気を削がないということです。すなわち、**教員がやる気をもって仕事をするのに障壁となるようなことを可能な限り取り払う、仕事のしやすい環境とよりよい人間関係をつくることが学校全体のパフォーマンスを高めます。**

具体的には、次のような事柄です。

①教師の目指すべき価値を共につくること
②周囲のネガティブな言動を許容しないこと
③自分に批判的な人を安易に排除しないこと

④学校がどこへ向かおうとしているのか、方向性をはっきり示すこと
⑤何か問題が起きたら、きちんと責任をとること
⑥子どもを育てることと教師を育てることのベクトルを一致させること

＊

前著(注)では、教師としてネガティブにならずに済む手法、あるいは、もしネガティブになっても、その心情をポジティブに変える手法を提案しました。

本書では、教員がパフォーマンスを発揮して、日々生き生きと教職生活を送っていけるようにするために、主幹教諭や主任を含め、学校の経営層はどのような組織を構築し、運営していけばよいかを提案します。

教員が元気なら子どもも元気、子どもが元気なら学校が元気、だから教員はもっと元気になれる、そんな高次元の価値を実現する経営的手法を明らかにしていきます。

(注) 拙著『なぜ、あの先生は誰からも許されるのか?』東洋館出版社、2013年

目次

第2章　プロジェクト型経営のススメ

第4章　本筋とはちょっと外れた教育を取り巻く周辺事情

第1章

教員のパフォーマンスを引きあげ「多忙感」を解消する

学校という職場にありがちなネガティブ・ループ

いい学校ってどんな学校でしょうか。そしてそれは、誰にとっていい学校なのでしょう。

私の考えるいい学校とは、子どもはもちろん、保護者も地域の人たちもみな「この学校はいい学校だね」と思えるような学校です。

子どもたちが落ち着いている、子どもの学力が高い、優れた教員がいる、こうしたことも価値であることは間違いないのですが、学校という世界では二義的です。まず何よりも、みんなが「いい学校だなぁ」と思える雰囲気が一番大事なのです。

その中核を担っているのが教員です。教員が行きたくないような学校だったら、子どもだって行きたいとは思ってくれません。保護者だって嫌でしょう。たとえ、全国学力・学習状況調査の順位が高かったとしても、教員のモチベーションが低い学校は、いい学校とはなり得ません。みんなが「いい学校」だと思えるようになるためには、学校が教員にとって生き生きとした職場でなければならないゆえんです。

このことは、学校のリーダーが最優先に考えなければならないことです。教員が

「今日も楽しい」「明日は何が起こるかな」と思えるような学校、ワクワク感があるような学校です。このようなポジティブな気持ちに働きかけていく、そのような心向きに変えていくのがリーダーのもっとも重要な任務です。

教員がいつ一番フレッシュかといえば、その学校に着任した直後です。「こんなことやりたい、あんなことやりたい」と夢をもっています。本来なら、その夢や希望を生かしてあげれば、その教員のやる気を発揮させることができます。しかし、学校には、こうした教員のやる気を損なってしまう状況がいくつもあります。

「今度、子どもたちにボランティア活動に取り組ませたいのですが…」と提案したものの、「君ね、それはもうちょっと前に言ってくれなきゃダメですよ」とか、「本年度の教育課程はもう決まっているからできません」などと言われたり…。

たとえ将来を見通した提案であってもそうです。前向きになった途端に、居心地の悪さを味わってしまうのです。

「そんなこと言ったってムリ」

「まあ、すぐにはできないね」などなど。

あまた面白い教員がいるのに、管理職や古くからその学校にいる教員がそれを否定してしまうのです。

おそらく、彼ら自身はネガティブなことを言っているという自覚はないのだろうと思います。これまでの学校の状況を鑑みて、現実的なことを口にしているつもり。それだけに始末が悪いとも言えます。前向きなことをしよう、少しでもよくしようという機運に冷や水を浴びせかけてしまうわけですから。

もちろん、仕方がない面もあります。学校は、年間の計画に基づいて仕事をしているので、年度の途中では軌道修正がききにくいのです。学校に限らず、組織というものは基本的に良くも悪くも予定調和的です。

しかし、無理だと思ったら、絶対に実現できません。新しいことへのチャレンジであれば、なおさらです。ただ、学校は、知らず知らずのうちに、無自覚なネガティブ・ループが起きやすい職場であるという認識はもっておいたほうがよいでしょう。そのうえで、何ができるかです。

教員を疲弊させる「外からの圧力」と「内なる意識」

1 教育行政の無理難題

教育委員会や学校がこなさなければならない事務仕事は、年を追うごとに増えています。私の勤めていた学校もそうでした。

しかし、教育委員会にしたところで、文部科学省からの依頼だからと、あれもこれもと新しく調査をする必要など本当はないのです。なぜなら、平素から学校から上がってくるデータを使って加工すれば済むようなものが少なくないからです。乱暴な言い方が許されれば、いまあるデータを使ってそれなりに加工し、文部科学省に報告しちゃえばいいのです。

しかし、単に要領が悪いだけなのか、責任問題に発展するのが嫌なのか、(すべての教育委員会が、というつもりはありませんが) とりあえず学校にうかがいを立ててきます。うかがいを立ててもらうこと自体はかまわないのですが、その内容が問題です。もう少し工夫のしようがあるだろうと思うのです。

いまどき、これだけネットが発達しているのだから、ワンクリックで情報をアップロードすれば、PCが勝手にそれを集計できる仕組みも可能です。基本的な学校情報がそれです。しかし、それさえもない。責任問題になるのは嫌、手間もかけたくない、予算は使えないでは、ただただ学校の仕事を増やし、無理強いさせるようなものです。こうしたことがどれだけ学校に無駄な時間を使わせているかわかりそうなものですが、（地域差はあるにせよ）なかなか状況は改善されません。

以前は、紙ベースで印刷して、学校に送っていました。そして、依頼を受けて書類を発送するまで、少なくとも1週間の期間を設けていました。それはそれで、教育委員会のほうは事務仕事がたいへんになるのですが、それで何とか回っていました。しかし、いまは違います。たった2日か3日くらいしか学校には猶予が与えられません。

年を追うごとに余裕がなくなってきています。がんばって一気にやってしまえばいいのでしょうけど、いろんな仕事を並行して進めているから、なかなかままならないのです。しかも、そうした調査うかがいは次から次へとやってきます。

どんなに優秀な教員だって、ときには早く帰りたい日もあります。しかし、2日か3日で締め切りを区切られてしまったら、「今日は、ちょっとみんなで飲みに行くか」なんてこともできなくなります。「すぐに整理しなければならない調査書類があってムリ」みたいに、息抜きひとつ満足にできない。それではいつか壊れてしまうのは当然です。その教員にとって、必要感のない書類も多いのです。だから、余計に疲弊してしまうのです。

2　新しいことへの苦手意識と抵抗感

大事なことは、教員自身が「必要だ」と思う仕事をいかにつくれるかです。上から押しつけられた仕事ではなくて、「自分はこうしたい」という欲求を出発点とする仕事です。そうである限り、モチベーション（やる気）は維持されるし、たとえ多忙であっても多忙感をもつには至らないでしょう。

こうした考え方を否定する人はいないと思います。しかし、「自分の頭で考えて、自分にとって価値ある仕事を自力でつくり出しましょう」と提案すると、教員はたいてい嫌がります。できれば、避けたいと思っているようです。その理由のひとつには、余裕がないからだと思います。

教科の学習指導であったり、生徒指導であったり、かつては賑わっていた研究会活動も、（一部の熱心な教員を除いて）なかなか人が集まらないと聞きます。参加者が絶対的に減っているのです。教育委員会や学校から指定された職務研修で忙しく、余裕がなくなっていて、それどころではないというのが彼らの言い分です。

それともうひとつ、どういうわけか自分の頭で考えて仕事をつくる、ということ自体が教員は苦手です。訓練すれば身につくことであっても、自分の評価に直接かかわることとみなさないからか、面倒くささが意識の前に出てしまう。食わず嫌いと言ってもいいでしょう。

なかには、そうではない教員もいますが、残念ながらまれです。自ら引っぱっていくよりも、引っぱっていってもらいたいという意識のほうが強いのです。

そうした教員は，思い違いをしていると思います。**苦手意識や面倒に思う気持ちから、新しい仕事や自分でつくる仕事を回避していても、一向に楽にはなりません。むしろ、巡り巡って疲労が増します。**

そうかといって、しっかり疲れを癒してから、という余裕は学校現場にはありません。そこで、**疲弊しているからこそ、新しいことにチャレンジし、そのチャレンジを通して教員の疲弊を癒す**という逆説的な方途を考えなければなりません。

主体的に仕事をつくるのが苦手な（慣れていない）教員ですが、これには良い面もあります。（教員はいたってまじめですから）きわめて誠実に業務を遂行する面です。

教員は、校長や副校長といった管理職、主任などから言われた仕事をすることに慣れています。「やれと言われたからやってるんだ」という意識は、「やらされ感」満々ですが、一方で、与えられたことをやればよいという教員の逃げ道にもなっているのです。

しかし、近年これだけ学校がこなさなければならない仕事が増えてしまうと、逃げ道としても機能しなくなり、もはや袋小路といってもよいでしょう。こうしたことも、教員をバーンアウトさせてしまう要因のひとつだと思います。

だからこそ、「そもそも論」に立ち返る必要があるのだと思います。

「やらざるを得ない」からやる仕事と、自分自身が「必要だ」「やってみたい」と思ってやる仕事と、いったいどちらがクオリティの高い仕事になるのか。私は、教員の苦手意識を知りつつも、後者の仕事をつくり出すことに決めました。それが、結局は教員を疲弊させない、むしろ教員を守る学校経営となると考えたのです。

学校の仕事のクオリティは、定量的に測定できるものではありません。仕事の質を問う定性的な評価は、結局自分自身にしかできないものです。

このような自己評価に慣れていない教員を意識づけるためには、主任を含めた経営層による価値判断の提供がとても大事になってきます。リーダーには「何をもって良しとするか」「何をもって悪しとするか」という明確な判断基準が必要になります。

「多忙」と「多忙感」

そもそも、教員が「生き生きと働ける職場」とは、どのような職場でしょうか。何事もうまくいっている、トラブルがない、滞りなく物事が進む、だから取り立ててやるべきこともない、そんな職場でしょうか。もしそんな職場があれば、「楽でいいなぁ」と思う反面、きっとすぐに退屈してしまうのではないかと思います。

なぜなら、問題解決こそが学校現場の本質だからです。なにひとつ解決すべき問題がないならば、（いささか極端なものの言い方をすれば）学校そのものが必要なくなります。犯罪が存在しなければ警察機構はいらず、病気やケガが存在しなければ病院もいらないというのと同じ理屈です。

勉強ができない、人とうまく接することができない、法に触れることをしてしまったなど、未熟さゆえの課題を子どもたちはたくさんもっています。こうした子どもたちの育成のために学校は存在します。子どもを育てることを通じて、立ち現れる社会的ともいえるさまざまな問題を解決するための場所だからです。

教員が教えなくても、勝手に勉強ができるようになる、スポーツも万能、人間関係でも軋轢ひとつない、そんな子どもたちであれば、いったい誰が手をかけてやる必要があるでしょうか。言うまでもなく、そんな必要はないし、最初から何でもできる子どももいません。

未熟な存在である以上、問題はたくさんあるのです。そうした問題に正対し、その子と一緒に考え、問題解決を行うことができたとき（あるいは、うまくいきそうだと見通しがつくとき）、教員のやる気は最高潮に高められます。「よっしゃ！」という感じです。そもそも、学校はそういう職場であり、それが教員の文化なのです。

問題解決には多くの時間と労力を必要とします。そのために教員が多忙であるのは必然です。

そうであるにもかかわらず、近年「教員は多忙だ」と、ことさら強調して語られるようになりました。教育行為の本質からして必然である多忙さを、なぜ問題視するのか。それは、**教育行為の本質と異なる仕事が多くなり、いままでにはなかった負担感によって心を壊してしまう教員、志半ばで辞めてしまう教員が、増加の一途を辿っている**ことに原因があります。

「忙しいには違いないけど、やっと子どもたちの理解力が高まってきた」とか、「いままでどれだけ注意しても言うことをきかなかった子が、人の目を見て話をするようになってきた」ということがあれば、誰に何かを言われなくとも、教員はひとりでにがんばります。それは教員の特性なのです。多忙感ではなく、やりがい感をもちます。

がんばりすぎてしまうことも一方にあって、それはそれで自滅しないように管理職がフォローしなければならないわけですが、少なくともその教員の多忙さを問題にすることはないでしょう。むしろ、適切な忙しさなら、子どもたちの問題解決をミッションとする教員にとって喜びでもあります。そして、この問題解決こそ、人間の「生」の本質なのです。

一口に多忙さといっても、「物理的な多忙さ」と「精神的な多忙感」の双方があると思います。もし、教員個人の処理能力を遥かに超えるような仕事量であるならば、当然に是正しなければなりませんが、むしろ問題は「多忙感」のほうです。

私たち教員の願いは、子どもたちが良くなることです。勉強でもスポーツでも人づきあいでもかまいません。そうした良さに子どもたちが気づき、その良さを手に入れるために、教員としての自分が適切な相の手を入れることができれば、自分の仕事に充実感を得ます。充実感を得ている教員は、あまり「多忙感」をもちません。

では、人はどのようなときに「多忙感」を覚えるのでしょう。たとえば、自分でこなせない量の仕事があるときでしょうか。それはそれで忙しくはあるでしょうが、「多忙感」とはならないと思います。**自分の仕事に充実感をもてない、自分のやりたいこととは違う、あるいは本来ならやらなくてもいいことに時間を割かれているとき、人は「多忙感」を抱く**のではないでしょうか。

今日、言われている教員の多忙感が本当ならば、彼らの本務をどれだけ減らしても、問題の本質は解決しないままくすぶりつづけます。

目をつけるべきところが違うのです。**仕事への充実感や自己有用感を得られないまま、本務の仕事量が少なくなれば、その後に教員に去来するのは「充実感」とはむしろ真逆の「倦怠感」である**ように思うのです。

逆に、自分が良いと思うこと、好きなこと、子どもの役に立つことに忙しくしている限り、教員は心を病むような「多忙感」をもつことはありません。

増改築を繰り返すだけでは、本質的な改善から遠ざかってしまう

いまからおよそ20年ほど前あたりから、教育書の紙面に「学校のスリム化」「教

育内容の精選」という言葉がしきりにとりあげられたことがあります。しかし、どの論客も、「何を」スリム化するか、精選するかについては主張しても、「どうやって」という方法論が抜け落ちていて、「結局は学校だのみ？」という印象が強くありました。

1　よく陥りがちなビルド&ビルドの問題点

「いま、何をやる必要があるのか、このことをきちっと精選し、そのうえで学校という仕組み（システム）に取り込んでいく必要がある」。

このように言えば、否定する人はおそらくいないでしょう。「そりゃ、まぁそうだよね」という話。

問題は、「精選する」ということのむずかしさにあるのだろうと思います。精選する以上、選択からあぶれたものは捨てることが必要だからです（たとえ、それが学校の伝統に直接かかわるような行事であってもです）。けれども、それがむずかしい。

いろんなことにチャレンジすると言えば聞こえはよいですが、何もかもできるわけではありません。むしろ、多くのことをやろうとして、絶対に押さえておかなければならないことが落ちてしまったら、本末転倒というべきでしょう。

「今年度から○○教育に取り組みます」となったものの、その結果十分に教材研究を行う時間がなくなってしまって、かえって授業力が低下してしまうとしたら笑えない話です。しかし、こうしたことは往々にして起きます。

これは、何もかもビルドで積み上げてしまうことのツケだと言えます。たとえば、長年「環境教育」に取り組んできたA中学校。来年度から「持続可能な教育」に取り組むことになったとします。よくよく考えれば、現在の文教施策だと、環境教育はESD（持続可能な教育）が包含します（「環境」は、ESDの構成要素8つのなかの1つ。ほかには国際理解や防災、エネルギーなどを含む）。そこで、これまでの取組の成果を踏まえ、双方を一体のものとして統合しつつ発展させていけばよいことがわかります。

もし、「環境教育」と「持続可能な教育」を別々の教育課題とととらえてしまったらどうでしょう。きっと、環境教育の上にESDを積み重ねてしまい、それぞれを別のものとして研究しなければならなくなるので、成果が見えにくくなります。まさに、ビルド&ビルドで仕事が増えていく一方となります。

2 なぜ学校はビルドしたものの上に、さらにビルドしてしまうのか

「今度は、○○教育が降りてきた。どうするんだ、計画のなかに追加していくのか」

という思いをもっている教員、問題視している教員は数多くいると思います。しかし、結局はビルドしてしまう。なぜなら、そうせざるを得ない理由があるからです。学校はなぜビルドし続けてしまうのか。

それは「〇〇教育」を学校の「外側」からやってきたもの、しかもその学校の「上の立場から」（文科省や教育委員会から）という受け止めがあるからでしょう。そのため、**「やらされ感」が強くて思考停止を生み、「しょうがないからやるか」と積み重ねてしまうジレンマ**につながっているのだと思います。

このようなビルド&ビルドは、教員を理不尽に疲弊させます。

その一方で、よく言われるスクラップ&ビルドも、学校という職場ではあまり成果があがらないように思います。

民間企業であれば、収益が上がっていないものからスクラップします。数字がモノをいう世界ですから、はっきりしているわけです。この商品は収益が上がっていない、在庫代もばかにならないなど、数字で判断できるのです。

しかし、学校の場合には、このような定量的な評価は実質不可能な職場です。定性的な評価に頼る以上、どの「〇〇教育」をスクラップするか、という議論でさえ現実的ではありません。

「この学校として長くやってきたのに…」「一定以上の成果が出ているのに、なぜやめるのか」という話になるからです。いままでやってきたことをスクラップできないのが学校現場なのです。

したがって、上から降りてきた「○○教育」をそのまま追加（ビルド）するのではなく、かといって、いままでやってきたことを精選（スクラップ）するのでもなく、既存の教育活動に取り込む、すなわち統合（インテグレート）することが必要なのです。

「これとこれは同じだから同じ分掌で扱えばいいんじゃない？」とか、「いっそこれとくっつけてしまおう」という発想です。このようにくっつけることによって、既存の教育をよりいっそう充実することができます。

すなわち**インテグレート**（統合）**&アップグレード**（更新）**こそ、学校の仕事環境を充実する**、子どもたちの教育の質を高める、さらには教員を疲弊させない組織を生成する極意といってもよいでしょう。

3 学校の目指すゴールイメージに、あらゆる教育課題を位置づける

余計な仕事がくるなら、思い切って既存の仕事と統合してしまう。そうであれば、どれだけ新しい教育課題が上から降りてきても、大量の仕事に埋没しないで済みま

す。実際、「環境教育」と「持続可能な教育」のように関連性の強い教育課題だけでなく、一見まったく違うように見える教育課題でも、工夫次第で割と簡単にくっつきます。

たとえば、○○教育という区分をなくし、すべての課題を「子どものライフ・マネジメント」に位置づけるという方法もあります。実際、私が携わった学校では、そのように位置づけました。すると、従来別々の研究テーマだったものを、ひとつにまとめあげることができます。

「ライフ・マネジメント」という大ぐくりであれば、キャリア教育も学力育成も生活指導も、ひとつの箱に全部入れ込んでしまうことができます。そうすると、教員みんなでひとつのことを充実していくんだという機運をつくり出すことができます。

この方法で学校のプロジェクトを3つにわけ、「学校と地域で子どものライフマネジメント力を高める」をテーマに学校組織をつくりました（プロジェクト型経営の仕組みについては、第2章で詳述します）。

プロジェクトは、

①プロジェクトA：キャリア教育系

②プロジェクトB：生活指導系

③プロジェクトC：学習指導系

の3つです。そして、それぞれのプロジェクトの構成員が、自分たちの着眼点からゴールに向かう方向性を打ち出せるようにしたのです。

生活指導系だったらルールやマナー、モラルといった社会性を育成する。キャリア教育系だったら、夢を思い描く、生きていくためのノウハウや知恵について学習する。学習指導系だったら、子どもの能力と可能性の育成だから、目標に向かってがんばれるようにするための学力向上を位置づける。検定試験を通るとか放課後学習を行うなどもその一環です。

このようにすべての教育課題を「ライフ・マネジメント力」に位置づけて統合したということです。

学校の仕事のなかで必要なものと不必要なものを選別しろ、といったところで、本当は選別しようがないのです。なぜなら、ひとつひとつを取り出して考えれば、どれも必要なもの、大事なものだからです。要は、位置と比重の問題なのです。

仕事は、相対的に減らせるものではありません。物量を減らすことを目的として、「いろんなところから少しずつ、均等に」と減らしてしまえば、当然のことながらどこかに歪みが生まれます。

これは、古家の掃除と同じ。捨てられないものがどんどん増えてしまう、かといって闇雲に捨ててしまっては必要なときに困ってしまう。そんないつ使うかわからない、大事だけど不要なモノに取り囲まれていると、快適な生活を阻害してしまう。

そうではなく、学校の目指すべきミッションや方向性をひとつ定めて、その実現のために絶対不可欠な要素を明らかにして組み込み、補助的な要素で補完する、という考え方で教育課題を統合します。

そして、もしこの作業から候補にあがらなかったものは、「うちの学校では、取り上げない」と割り切ります。このような考え方で取り組めば、おのずと実際に取り組まなければならない事柄が自然と組み立てられます。

ここがポイントです。いまあるものを「どうしようか」と精選するためには、何かを捨てなければならなくなりますが、プロジェクト型経営では、意図的に捨てる必要はなく、結果的に選ばないということになるのです。

教員が生き生きと仕事のできる学校組織をつくるためには、なるべく余計なことをしない、無駄なことをしないことです。効率的・効果的に教員のやるべきことを焦点化できる仕組みが望ましいのです。

4 プロジェクト型経営に見る統合と更新

私が取り組んできた組織で言うと、プロジェクトAをキャリア教育系と位置づけていましたが、従来は進路指導関係の仕事を分掌していました。しかし、キャリア教育系とする前は、どちらかというと進路全般というよりも進学指導中心だったのです。

その折に「キャリア教育」という「○○教育」が降りてきました。そこで、私は、進学指導とキャリア教育という2つの教育課題に取り組むのではなく、キャリア教育のなかに進学指導を組み込みました。

進学指導といえば、文字どおり受験ですが、就職、専門学校進学、高校受験と分かれていくときに、全く別のカテゴリーとなってしまいます。それなら、もうちょっと人生的なタームをもたせる、そのためのライフプランを子ども自ら描けるようにするという観点からキャリア教育を位置づけ、その要素のひとつとして進学や就職を組み込んだ（統合した）わけです。

こうしたことで、「入学試験を受けるにしても、就職試験を受けるにしても、論文や面接に強くなる必要がある」「そのためには、コミュニケーション力やチームビルディングの力も必要なんだね」と、教員の発想が変わっていきました。こうしたポジティブな発想は、さらなる発想を生み出すものです。「いずれにしても、キャリア教育系のプロジェクトでは、子どもたちが生きていくための術《すべ》を養うんだ」という理解に発展しました。

生活指導系Bのプロジェクトは、社会性の育成です。もちろん問題行動の指導も含まれますが、生徒会や委員会などの自治活動と広く連携することで、生徒会自らが社会性を高めるさまざまな取組を行うようになりました。ボランティア活動や地域での防災活動に取り組むなかで、地域の人々と共に社会性を身につける取組を行いました。

また、学習指導系であるプロジェクトCは、以前は教務部と呼んでいました。どこの学校でもおおむねそうだと思いますが、教務部というと、教育課程にかかわる仕事をするセクションという受け止めです。

しかし、よくよく考えてみると、学校という職場では、教育課程にかかわらない仕事というものは、ほとんどありません。そのため、雑多なことまで含めていろいろなものを処理する、いわばなんでも屋というイメージになりがちです。必然的に大量な仕事が集中していました。

そこで、教務部本来の機能に限定することを考えました。「教務の本来的目的は、子どもたちの学力を高めること、そのための可能性を育成することだ」と。発想を変えるだけで取り組み方がずいぶん違ってきます。**「事務仕事をうまくこなせるのが良い教務」というイメージを払拭しようとした**わけです。

もちろん、年間指導計画などを教育委員会に提出するような仕事がなくなるわけではありませんが、それがメインじゃないという位置づけにしたのです。すると、軽重がひっくり返って、会議や作成にかける時間がだんだん少なくなっていって、シンプルな構成にまとまっていきました。

結果的に事務的な仕事にかける作業時間が減りました。教育課程届けが必要な書式は数多くありますが、ホームページにアップするだけで事足りる事柄もあったし、「代替できるものは代替していっちゃおう」という雰囲気が醸成されたことで、よりシンプル、よりコンパクトになっていきました。

「私たちの最大のミッションは子どもたちの教育が充実すること」
「そのためには、教員が余裕をもって仕事ができる環境が必要だ」
「だったら、楽できるところは楽しちゃおう」

こんなイメージです。

楽になるというのは、手を抜くということでもなければ、仕事の数を減らせばいいということでもありません。教員ががんばろうという気持ちを阻害する負担感をなくすということです。これは、すなわち多忙感の軽減につながります。

つまり、世で言われている「多忙感」とは、「仕事がいっぱいありすぎて忙しい」ではないのです。**「必要感のない仕事」への「負担感」、「思うように自分のやりたい仕事ができない」ことへの「不満感」こそが、「多忙感」の正体**なのです。

校内のムリ・ムラ・ムダを「見える化」する

1　副校長・教頭の本来の仕事はディレクター

学校が元気になるためには、まず副校長・教頭に元気になってもらわなければなりません。副校長・教頭が疲弊している学校は、組織が何らかの課題を抱えていることの現れです。

副校長・教頭の顔色は、その学校のバロメーター。土気色をしていたら、分掌にバランスを欠き、特定の教員に実務が集中している、もしくは、本来ならしなくてもよい仕事が精査されず、ビルド&ビルドになっていることを暗に示していると考えて差し支えないでしょう。

私が副校長になったころ、こうしたことを痛感しました。私は、事前に校長の了解を得ておいて、次のようなことを言っていました。

「私は実務能力があまりないので、悪いけどそれほど多くのことはできません。それに、仕事の遂行上、副校長が抱え込むよりも、むしろ先生方でシェアしたほうがよいことが多いと思います」そう言って、**前任の副校長がこなしていた業務を教職員にシェアしたり、くっつけられるものは統合していきました。**

その学校では、校内の掲示物の設置や撤去などの管理をすべて副校長がこなしていました。それどころか、全教職員の出勤簿の申請までやっていたというのです。教員が「来週の金曜日、年休をとります」と言うと、それをメモして年休承認簿を書き、その教員の机の上に置いておいてはんこを押させていました。それを聞いて、私は本当にびっくりしました。

年休は請求主義。教員自身が申請書類を作成しなければなりません。これは法に基づく教員の権利であり義務です。ですから、教員から年休の打診を受けたとき、「そんなこと、私はやらないよ？」と言いました。すると、「前の副校長はやってくれました」「年休の申請書類の作成は、副校長の仕事じゃないんですか？」と。私は、それこそ開いた口が塞がりませんでした。

いささか極端な例ですが、実際にあった笑えない話です。**学校には、「副校長・教頭は何でも屋」と誤った風潮があって、しかも副校長・教頭自身も「仕方がない」とばかりに受け入れてしまっている**節があります。しかし、それでは、「校長を助け、命を受けて校務をつかさどる（副校長）」「校長を補佐し、校務を整理する（教頭）」（学校教育法37条⑤⑥）という副校長・教頭の本来の仕事がきちんと機能しなくなります。

副校長・教頭は、学校経営の決定権者である校長と、校長のビジョンをもとに話し合い、仕事をつくり出していく動力源であり、ミドルの教員を繋ぐブリッジです。**調整役とは、連絡事項の伝言係ではない**のです。映画制作で言えば、**校長がプロデューサーで教員が俳優なら、副校長・教頭はディレクターだと喩えることができる**でしょう。

幸いにして、その学校の前任の副校長は、どんなことでもちゃっちゃと器用にこなせる方だったらしく、何でも押しつけられて疲弊してしまうというわけではなかったようです。それに、提出書類は教員にやらせるよりも、自分がやったほうが確実で時間的にも早いということもあったのでしょう。しかし、だからといって、教員の為すべきことまで背負い込んでこなすのは、百害あって一利なしです。

2　学校のムダ・ムラ・ムリが見えてくる

そもそも、私はそれほど器用ではないし、やりたくないことはやっぱりやりたくないし、仕方なくやっているとストレスが溜まるし、あなたでできることはあなたがやってくださいというタイプ。

そんな私が、大層なことを言うつもりはないですが、副校長としての自分の仕事を精査することは、学校全体の仕事の軽減につながります。副校長や教頭は、どこにムダがあり、ムラがあり、ムリがあるのか、それを見渡すことができる立場にあるからです。新しい職場に異動して、着任した教員（新卒以外）にも、着任した副校長・教頭は最もそれがわかるはずです。

こうしたことから、副校長・教頭には、（校長と同様に）自分の仕事に多少の暇がある必要があります。校内のムダ・ムラ・ムリを掴むためです。このような意味でも、校長と副校長・教頭との連携は非常に重要で、（どの校長もやっていることだとは思いますが）校長として学校に赴任したら、副校長・教頭と徹底的に意見を取り交わし、自分の思いを理解してもらうだけでなく、副校長・教頭が考えていることをうまく引き出します。校長と副校長・教頭とが一体になってはじめて、ようやく学校経営は動きはじめます。副校長・教頭は校長のパートナーなのですから。

3　校内のアレコレを「見える化」する仕組み

副校長・教頭が見いだした校内のムダ・ムラ・ムリを、すべての教員で共有して取り組むことで、学校はスリム化していきます。共有のためには、「今、○○先生は□□に取り組んでいるよね」ということが、その取組の目的や意義も含めてフェーズ（場面）単位で「見える化」される仕組みをつくっておく必要があります。

それがまさにプロジェクト型なのですが、まず私が考えたことは、プロジェクトごとに「いま」「どのような」動きをしているかをきっちり把握し合えるようにしました。また、プロジェクトごとの話し合いや協議を確実に確保します。

その際にいけないのは、校長の話が長すぎること。私も割と話が長いほうなのであまり人のことを言えないのですが、校長が長く話をしすぎて、打ち合わせ時間のほとんどを食ってしまい、最後にちょろっと提案を出して「それではみなさんよろしく」で終わりにしてしまうこと。

しかし、それだとお互いの理解は深まっていかないし、一方通行になってしまいます。むしろ、まずは「いま」「どのような」状況にあるのかを教員自身にプレゼンしてもらって、それをもとに話し合ってもらい、校長が口を挟みつつ軌道修正しながら、結果的に「みんなの提案」にしていくのです。

すると、「いま」「何を」しなければならないのかという教員個人のタームを明確化できるだけでなく、「○○先生は何をしようとしているのか」という相互理解や相互扶助の関係性が生まれ、一つひとつの仕事が次第に自分事になっていきます。

会議のもち方ひとつでも、ホワイトボードを囲んで、みんな立ったまま話し合ったり、付せんを使って課題をランダムに出し合って精査していくという手法もあります。各学校で工夫されるとよいでしょう。

たとえば、私の勤務地では、教育委員会の方針もあって、職員会議が議論する場ではなくなりました。**「報告」あっても「承認」なし。校長の意思決定の場ではなく、あくまでも情報共有の場**としたわけです。その分、プロジェクトごとの話し合いが必須でした。

こうしたことが功を奏して、いままで学校の経営に消極的だった教員から「これでやりたい」といった提案が出てくるようになりました。もし、運営委員会や企画会などでその考えに反対があれば、もう一度自分のプロジェクトに戻って、徹底的に議論し、再提案してもらうわけです。

以前は、職員会議の場で、「え〜、そんな話は聞いていません」ということがあったのですが、それがなくなりました。「職員会議でそういうことを言うのはおかしいのでは？」という雰囲気が生まれ、私にしても、「質問は受けつけるけど、意見は受けつけないよ」などと、あえて口にせずともよくなりました。職員会議の位置づけが大きく変わったのです

古き良き直接民主主義がなくなったと感じる教員もあるかもしれませんが、より少ない人数でテーマに沿って具体的に話し合えるようになったことは、プロジェクト型導入の成果だと思います。

要するに、教員同士の「議論の場を変えた」ということなのです。もとより、大人数の職員会議よりも、少人数のプロジェクト部会のほうがはるかに話がしやすいのですから。

結果、「職員会議では議論しない」「むしろ議論ではなく共通理解の場だ」という雰囲気が生まれました。だいぶ下火になったとはいえ、かつては組合の先生が、火のないところに煙を立たせようと周囲を煽って、自分たちのしたい議論にもち込もうとしていましたが、いまは「職員会議は議論の場ではないですから、その件は後で話しましょう」という司会の提案で決着します。

人と人が実のある議論をするためには、（授業でもそうなのですが）大きな箱ではむずかしいと思います。そうではなく、ミッションだけあらかじめ明確にしておいて、

小さな箱（グループ）ごとに少人数（4人程度）で議論したほうが、数多くの提案が生まれるのです。

その代わり、必要だと判断したときにはプロジェクトの議論に管理職も入るという約束事にしていました。プロジェクトに任せきりにしてしまい、彼らがどのような運営をしているか管理職がちゃんと理解できていなかったり、みんなの意見を聞きすぎて何も決まっていないということもあったりして、意識のうえでも取組の進捗のうえでもバラツキがあったからです。

4　取組のバラツキは、教員のパフォーマンスから判断する

取組のバラツキは、教員のパフォーマンスから判断できます。また、パフォーマンスによって、組織の機能がわかります。それほどむずかしい話ではありません。学習教室の運営はどうなっているか、ボランティア活動のときにどうかかわっているのかなど、管理職の目線で実際に現場を見れば成果はすぐにわかります。

各活動の場面にいるから、普通だったら誰にでもわかることなのです。それでもはっきりしなければ、「いまこんなことをやっていますが、どう感じていますか？」と、たとえば養護教諭に話を聞いてもいいし、学校医、事務職員、用務主事、スクール

カウンセラーといった、教員とはちょっと違う立場にある人に聞いてみます。そうすれば、いまどういう状況にあって、教員の調子はどうなのかがだいたいわかります。だから、現場主義がいいのです。

この「だいたいわかる」というのは、経験と知恵の成せる業で、勘所のようなものはあります。教員同士に一方通行ではない相互交流的な雰囲気があるかどうかが判断基準です。

たとえば、雪かき。積雪のほとんどない地域で、どか雪が降ったりすれば、みんなてんやわんや。めったに降らないわけですから、学校の仕事という感じはしなくても、誰かがやらなければならない仕事であることはみんなわかっていることです。放置してしまえば、子どもたちの事故につながるわけですから。

こうしたときに、管理職が号令をかける。「今夜から大雪みたいだから、明日はできるだけ早く学校に来てもらってみんなで雪かきをしましょう」(もっとも、いい関係を築いている職場では、こうしたかけ声も不要です)

教員としての矜持みたいなものがあるから、やらないで遊んでいる教員はあまりいませんが、積極的に取り組む教員もいれば、「仕方がないな」と肩をすくめて取り組む教員もいます。数人でグループを形成し、連携して取り組む教員たちもいれば、個別に黙々と取り組む教員たちもいます。

そうした温度差はどの職場でもあると思いますが、こうしたときに、いま本校の教員はどういう状況にあるのか、その雰囲気がよくわかります。このような感性が、経営層には必要です。

教育課程そのものも統合できる
―カリキュラムの運用法

1 横断的に統合し、柔軟に時間を運用する

まず最初に、学校行事について考えてみたいと思います。

学習指導要領上、学校行事は特別活動に位置づきます。子どもたちにとって、特別活動は、教育的にはもちろん、単純に楽しいものだし、体験的な活動であるという面を考えても、意味と意義があります。ですから、闇雲に減らしてしまえばいいと安易に発想する管理職も教員もいないでしょう。まして、入学式や卒業式といった儀式的行事をなくそうとする学校はありません。

ただ、次のように考えることはできると思います。特別活動で取り組む行事は、

いったいどこまでが学校で担うべきものなのか、ということです。**教育的意義に着目するなら、学校だけで行うよりも地域と共に取り組むことや、地域に任せるほうがより効果が高いことがある**からです。

地域とともにできることは、役割をシェアしながら一緒にやればいいし、地域主催の活動に切り替えてもよい。形は違っても同じような趣旨の行事が、学校にも地域にもあるなら1回におさめる、そういうふうに統合したっていいだろうと思います。

子どもたちへの教育効果を損なわずに、遠足の回数を減らすこともできます。遠足を教科の時数に割り当てることも考えられます。

授業は、必ずしも座学である必要はありません。たとえば、昔よくあった社会科見学。子どもたちの見聞を広めることが目的ですが、実質は遠足と大差ありません。課外授業として行うか、行事に位置づけられることが多かったように思います。そこで、単元の内容と関連づけるなどして、社会科の時数を使ってもよいわけです。そうすれば、教科の時数を逼迫させることなく、遠足的な楽しみは残しつつ、遠足の回数を減らすことができます。

ほかにも、総合的な学習の時間における調べ学習の舞台を修学旅行に紐づけて、その事前準備を含めて総合の時数に割り当てることもできるだろうし、人に対するマナーを考えさせるなど、道徳の時間を活用することもできます。

もちろん、学習指導要領を逸脱することはNGですが、そもそも学習指導要領は目標・内容基準。どのように実現するか、指導方法や教育課程の編成については学校に委ねられています。国語科であれ、理科であれ、めざすべき方向は一緒です。**将来を生きる力の育成。そのような大きな見地から見下ろせば、たいていの教育行為はくっつけることができるのではないでしょうか。**

要は、学校で上手に運用すればよいのです。そうすれば、既存の教育課程のなかでも取組を統合することができます。大事なことは、**教科の授業とはいえ、必ずしも教科の枠組みだけにとらわれない柔軟な発想なのです。**

そのためには、「これは国語」「これは国語外」と授業の内と外などと壁をつくってしまうのではなく、外にあるものと内にあるものとを一緒に内在化させてくっつけることがポイント。アウトサイドイン、インサイドアウト、外のものを内に、内のものを外にということです。

たとえば、英語の授業で修学旅行での体験を英語で話す、書くといった実践があってもよいわけです。本来学校行事である修学旅行での学習活動を振り返ることが、英語科の授業として位置づくわけです。

あるいは、総合的な学習の時間の授業の後には必ず国語科を置き、見たり聞いたり調べたり話したりしたことを、国語の時間に文章で表現するといった実践も考えられます。いずれもよい実践だと思います。

先進校と言われている学校は、結構合科的・横断的に実践を行っているし、そのために教育課程を柔軟に編成しています。

このような柔軟さは、学校段階を問いません。小・中学校はもちろん高等学校でもできます。これは、かつてあった高等学校における未履修問題とは本質的に異なるものです。

ただし、管理職だけが、そのおもしろさ、重要さをいくら説いても、なかなか実現しない場合もあります（反対に、管理職のほうがブレーキになることもありますが…）。

特に中学校以降は、教員のなかに教科についてのこわばった思い込みがあったりします。たとえば、**教科書は全て均等にやらなくてはならないと考える教員は多いのです。すると、そうした思い込みが、かえって閉塞的な状況や多忙感を生み出す温床となる**のです。

2 教科書への教師の思い込みを払拭する

教科書が主たる教材であるのは、学習指導要領に準拠して作成されているからにほかなりません。だから、学校教育法34条は「授業をするときは、教科書を使わないとダメ」と規定しているのです。しかし、法は「教科書に書かれていないことをやってはダメ」「授業中は、いつなんどきでも教科書を開いていないとダメ」とは規定していません。

どの単元にどの程度の時間を割り当てるのかは、基本的に教師の裁量に任されています。学習指導要領にのっとっていればよいわけですから、その点についても柔軟に考えることができます。

近年、カリキュラム・マネジメントが重要などと言われますが、要するに授業の構成は、一人ひとりの教員に任されているのです。もっと軽重をつけて柔軟に実践すればよいのです。

私は国語の教員でしたが、教科書に軽重をつけました。それから、語彙指導は教科書だけでやっているわけではないから、たとえば5分間のドリルなども取り入れました。それなりに開発すれば、外のものを使ってもよいのです。また、授業時間だけでなければならない理由はどこにもありません。

たとえば、この教材については、子どもたちで読んで感想を言い合って、それを子どもたちでシェアして終わり。そんな時間なども設けていました。で、さっさと教科書を終わらせてしまって、その分、教科書には書かれていない発展学習や補充学習を行いました。また、読書の時間や作文の時間、スピーチの時間なども帯単元で授業時間に取り入れることもしました。このようにやっていると、いろいろやっているようでいて、逆に時間と気持ちに余裕が生まれます。

しかし、なかにはこんな教員もいます。

最初に設定した単元の時間数をいつもオーバーしてしまい、最終的に教科書の内容を終わらせられない教員がいます。そうなると、彼（彼女）は、いつも余裕がありません。「時間が足りない、やることが多い」が彼らの口癖。すぐに外のせいにしたりします。

さて、これは、指導力の優劣の問題でしょうか。そうではありません。まず教育課程とは一体何なのかわかっていない、つまり教員の理解不足に原因があります。平成の時代になって、国はことあるごとにこう言ってきました。「学習指導要領は大綱的ですよ」「年間の授業時数はあくまでも標準ですよ」こうした言葉の裏側にある柔軟さをつかめていないこと、それがひとつめです。

そして、もうひとつは（これが一番厄介なのですが）教員の思い込みの問題です。「教科書を教えなきゃ」「指導書のとおりにやらなくちゃ」「時間の割り振りどおりにやらなくちゃ」という思い込みです。誠実に取り組もうとすればするほど、かえって時間が足りなくなるのは必然。タイム・マネジメント、時間運営の問題です。「時間数を完全に固定してしまって、そのなかでよりよい教育を」と行えば、詰め込みにならざるをえません。それにより、教科書が終わらせられない、というジレンマに陥ります。こうした教員は、自ら「多忙感」を募らせているようなものです。（主任も含めて）**経営層は、何よりも「教科書ありきで教科書を全部同じように均等にやらなきゃいけない」という教員の思い込み自体を変えなくてはなりません。**

教科の特性もあるし、中学校以降であれば受験対応に腐心しなければならない点も多分にあります。しかし、一見余計なことをやっているように見えるものでも、実は柔軟さによるもので、教科の内部でも統合的・横断的に行える要素があるということです。常に「統合」を意識しながら「更新」する工夫を行っていけばよいのです。

カリキュラム・デザインのススメ

こうした授業感の転換を図るために、私はあえてカリキュラム・マネジメントと言わずに、「カリキュラム・デザインが大事だ」と言いたいと思います。**マネジメント**（管理）**ではなく、デザイン**（設計）です。

どんな授業をつくっていくのか、そのために何をしなければならないのか、あるいは何はしないほうがよいのかをきっちり洗い出して、自分なりの教授法を確立していくのです。この考え方は、プロジェクト型と同じです。

たとえば、社会科は内容教科、全体を網羅することが求められます。しかし、単元ごとの時間数は教員が決めてもいいわけです。

受けもちの子どもたちに優秀な子が多ければ授業のスピードをあげてもいいし、逆に学力の高くない子どもたちが多ければ、あまり重要でない事柄は端折りながら、単元の骨格だけをしっかり身につけられるようにスリム化して授業を構成してもよい。結果、指導書で5時間配当だったとしても、3時間（あるいは7時間）で行うことも可能なのです。

これは、まさにデザインです。管理という発想では、こうした方向はなかなか生まれません。

初任者なのか、中堅なのか、ベテランなのかによっても、ものの言い方は工夫する必要がありますが、教材観を変える、教科書観を変える、その結果授業観が変わる、こうした働きかけを管理職として行っていきたいのです。

そのうえで、「授業を管理するのではなくて、ちょっとアレンジ（デザイン）してみない？」ともちかける。「観」が変われば、いままでむずかしいと思っていたこと、たいへんだと思っていたことがひっくり返ります。楽しさやワクワク感を生み出す苗床ともなるのです。

さらに、突き抜けてくると、いまある教材ではいい授業ができない、自分たちでつくってしまおう、という発想も生まれるかもしれません。このときは、ちょっとだけ注意が必要。教材研究は「どんどんやりなさい」と促しますが、教材開発となると話が変わってきます。能力面だけでなく、非常に多くの時間と労力を必要とするからです。

研究会を発足したり、そこに行ってもらうのもひとつの方法です。しかし、私としては、もっと簡単に、と考えてしまう。

教科書会社を筆頭に、教材会社からも教育書の出版社からも、さまざまな教材が出されています。そうした既存の教材のなかから、（著作権を意識しつつ）ちょいちょいもらってきて、組み合わせることで新しい教材にしたらどうか、ということです。

大事なことは、教科書を中心として授業を考えるのではなく、教員である自分自身を中心として子どもを生かすための授業を考えることです。主体は教員にあるんだってことをもっと意識すべきだし、管理職としてはそれを常日頃から言い続ける必要があると思います。

管理職も、学校教育も、授業も、その主体は教科書ではありません。場合によっては、学習指導要領でさえありません。**授業の主体は教員自身であり、子どもの成長に資するやりがいであり、教員自らの授業デザイン観**です。もちろんそのデザインには子どもへの見取りや対応も入ります。

結局は、教員としてのやりがいが、学習指導にうまく生かせればいいわけです。誤解を恐れずに言えば、自分のやりたいことをやるためのツールとして学習指導要領があると言ってもいいわけです。「私はこんな授業をやりたい。その元になっている学習指導要領はこれだ」ということさえ明確になっていれば、いいんじゃないかなと思うのです。

周囲の教員からは独りよがりのように見えることがあったとしても、教員自身がやりがいをもって授業に臨んでいれば、けっこう子どもたちはついてきてくれます。保護者や地域からの余計な横やりが入りさえしなければですが…。

いまの時代だからこそ、ある意味で教員中心型の指導観が大事です。それが、子どものための授業づくりに重なっていればいいのです。そして、それを受け止め伸ばす組織をつくるのが経営層の仕事です。

本来それは単に、授業数の問題じゃない。量をやればいいというのはあくまでも量的な考え方です。弁証法では量質転換の法則がありますが、それは一定の質を担保した量がずっとあったときに質的転換を起こすという論理であって、量自体が必ずしも質を変えるわけではないのです。ややもすると、量の増大が質の低下をもたらします。

しかし、いまの時代は、何となく量を担保することにみんな傾斜してしまって、水増しした授業が増えてきている気がします。**「量が一定水準に達していれば、文句を言われないからいいや」とばかりに質の悪い授業が増えてしまったら、それこそ教育の危機**というべきでしょう。いつの時代も、「何時間授業をやったか」ではなく、「どんな授業をやったか」、そして「子どもがどう変わったか」が問われるべきなのです。

学校評価とスリム化

学校というところは、子どものよさ、教員のやる気といった数値化できない定性的な評価を高めることが本来大切なはずです。けれども、アンケート調査や学校評価といった定量的な評価が求められる時代であり、職場でもあります。

たとえば、子どもや保護者の満足度などについて自己評価を実施し、評価結果をもとに学運営協議会などで、次はどうしようかとみんなで話し合います。およそ12月ごろにアンケートをとって、1月くらいには回収し、データ化し、年度内に自己評価という段取り。

以前は、前期と後期に分けて年2回行っていたこともありましたが、私は「それ、ムダだよ。余計なことだからやめましょう」と言って1回にしました。というのは、自己評価表を比べて見ても、年1回だろうが2回だろうが、書かれていることがまったく同じだったからです。それに、回数を増やしたからといって、1回やってわからなかったことがわかるようになるわけではありません。

ただでさえ、事務仕事が多くなった学校で、自分からわざわざ煩雑にする必要はないのです。子どもの学習状況評価も学校の内部評価も本質は同じ。**評価のための評価ほど、ばかばかしいものはありません。そうしたムリ・ムダ・ムラは一切カット。**事務のスリム化にも一役変えるし、保護者や教員からも喜ばれるし、無意味なことをやらせずに済むから、教員のモチベーションも低下させずに済みます。

だからといって、年間を通して何もかもやりっ放しで年度末に反省会をすればいい、ということではありません。

たとえば、運動会などのイベントごとだったら、うまくいったこと、いかなかったこと、課題は何か、次はどう解決すればよいかということを、**イベントが終わったらすぐにやってしまう、その段階で来年への提案までつくってしまえばいい**のです。

「まず担当者間で話し合えばいい。そのときに話し合えばわかることは年度末まで送らない。それは申し次ぎ事項として、次のときにそれを考えて実行してもらえばいい」

私は、よく教職員にそう言っていました。

そのイベントは、Do、Check、Actionで完結するのですから、そのつど短いサイクルで反省しちゃえばいいという考え方です。なまじ、年に何回とかと杓子定規に決めてしまうと、10月に運動会、12月に自己評価だったら、2か月も反省点が放置されてしまうことになります。

教員は次へ次へと仕事をしなければならないのです。間が空いてしまえば当事者意識が薄らぐし、なにより何を議論すればいいのかも忘れてしまうでしょう。それでは何のための評価かわからないし、教員を無駄に疲弊させるだけです。

第2章

プロジェクト型経営のススメ

生き生きと働ける職場がいい学校、それをつくるのがいい学校経営、そのためにいるのが管理職。もっと言うといい人材（子ども）を育てるのがいい教師、いい教師を育てられるのがいいリーダー、いいリーダーが力を発揮できるのがいい学校組織。

これが本書の結論。私が言いたいことは、この3行ですべてです。

しかし、現実の学校では、何かしらつじつまが合わなくなってしまう。教員はみなまじめだし、それぞれにがんばっているはずなのに、どうもうまくいかない、何だかボタンのかけ違いのようなことが起こってしまう。いったいそれはなぜなのか……。

それは、みんなが向かうべきベクトルが同じ方向を向いていないからです。それが本章を書こうと思った動機です。

ベクトルのズレは、よくあることです。むずかしいのは、何かしら大きなトラブルがあってズレてしまうわけではないということ。むしろ、**日常での何気ないやり取りのなかにある潜在的なズレ**なのです。

だからこそ気づきにくい。徐々に蓄積されてしまうものだから、気づいたときにはすでに抜き差しならない状況になっている。そんなむずかしさがあるのだろうと思います。このズレを矯正するために、（なかなかむずかしいのですが）私はプロジェクト型経営を通して、そのつど軌道修正してきました。

そこで、本章では、これまで断片的にしか語ってこなかったプロジェクト型経営の全容を明らかにしていきたいと思います。

学校組織の縦糸と横糸

学校組織は、縦関係と横関係の双方のバランスで成り立っています。縦関係は上司と部下、横関係は同僚。これは、教師と子どもにおいても同様です。評価する側とされる側、指導する側とされる側なのですから、教師と子どもはどこまでいっても縦関係です。基本的には、師匠と弟子の関係です。

縦関係というと、とかく管理的だと批判的なものの見方をする人がいますが、役割としての縦関係なくして、ある組織、ある集団の秩序を維持することはできません。ですから、むしろそれらを意図的につくることが大切です。

教員の世界は、実は実力主義です。このように言うと、不思議に思う人がいるかもしれませんが、民間企業のように縁故や引き立てなどの要因で管理職に就くようなことはありません。学校組織には、職人の世界にあるような徒弟制度的な、実力による縦関係が必要です。もし管理職が教授能力や子ども理解に欠けているなら、本来有用な縦関係を築き、組織を維持することはできません。

その一方で、横関係（同僚性）も非常に重要です。縦関係と横関係の相互の調和がとれてはじめて、学校組織は円滑に運営されます。これが「いい学校」をつくための前提条件だと言って差し支えないでしょう。

共に学校をつくる

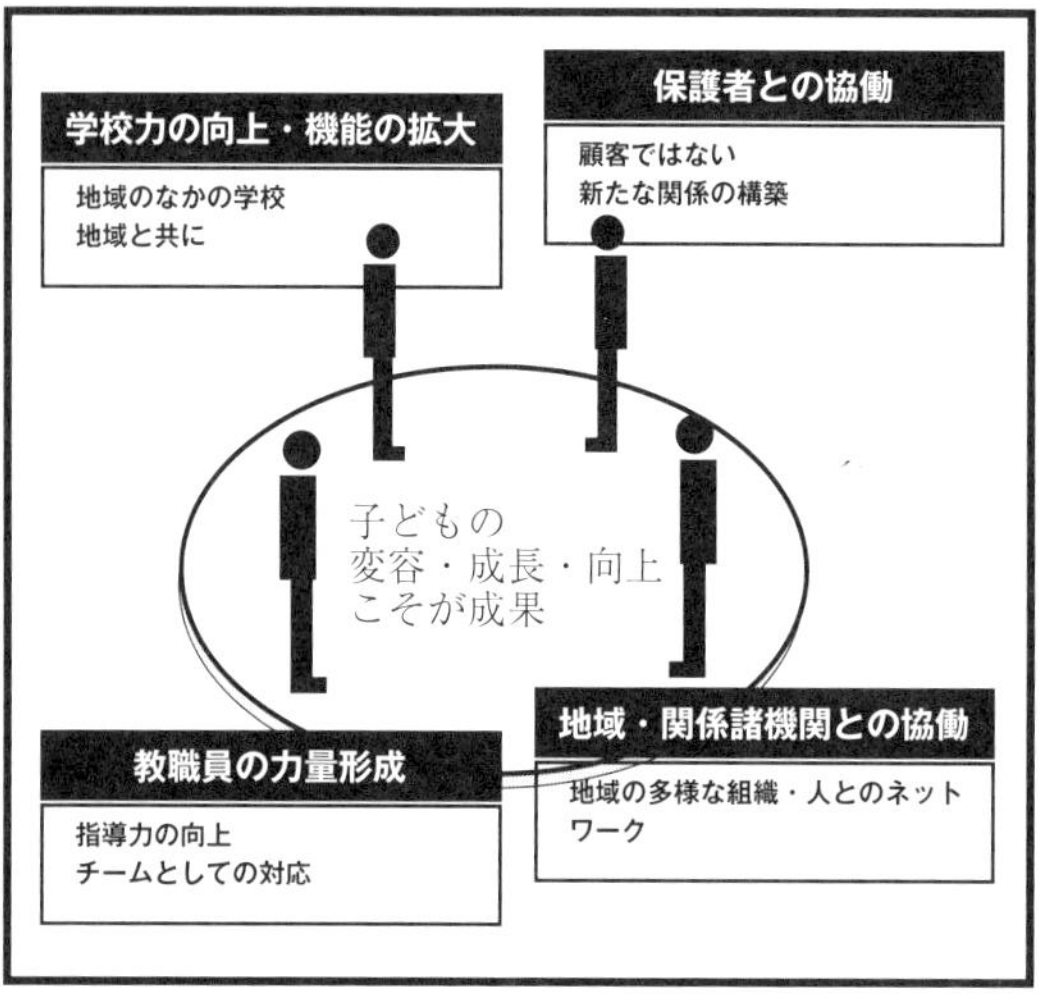

そうした前提条件を確立するためには、管理職の、所属職員の、子どもたちの、あるいは保護者・地域のベクトルを同じくすることが求められます。

たとえ、みんなが「いい学校」を目指そうと思っていても、行き先が曖昧だったり、ベクトルが異なってしまえば、「とにかく学業だけしっかりやっていればいいんだ」とか、「部活が充実していればそれでいい」とばかりに偏った考え方の先生が出てきたり、みんなの思いと実際の行動がちぐはぐになってしまったりして、みなの思いが空回りします。せっかく善意ではじめたことが悪い状況を生み出すとしたら、切ないことこのうえありません。

学校の進むべきベクトルを一致させる、そのために必要な縦と横の関係を構築する。これは主任や主幹教諭を含め、学校の経営層にしかできない仕事です。そもそも、**教員のメンタルヘルスが駄目になる理由は、一つにはこの縦関係、横関係のバランスが崩れてしまっている**からだと思うのです。

縦の関係が強すぎれば、何かと抑圧的な職場環境となるし、横の関係が強すぎれば、ときとしてお互い甘え合ってしまい、結果学校の秩序が失われることになります。

PDCAの弱点

成果と課題をただ提示するだけでなく、その課題を克服するための具体的な「提案」をしていく必要があると私は思います。「企画」にまで高められる「提案」です。このようなときに、「PDCAサイクルで」と判を押したように主張する人がいますが、実は私は「PDCA」では乗り切れないと思っています。むしろPDCAサイクルが、ときとして弱点になると言ってもいいだろうと思います。

改善といえば確かにそうなのですが、PDCAサイクルというと、とかく1年で回していくような錯覚に陥るような気がします。たとえ短期で回したとしても、一定の段階までいかないと次につながらないのです。そうだとすると、「改善」は次のステップになるということになってしまいます。

PDCA自体が悪いとは全く思っていないのですが、「すべてを1サイクルで回していけばいい」という錯覚にとらわれると、経営がとかく一方通行になってしまうのです。少なくとも、D、C、Aについてはスパイラルのサイクルにしないとダメです。

そこで、私はDCAをスパイラルに更新する**図**のようなマネジメント・サイクルを考えました。また、ビジョンの共有を最初に行うこと、実践を広報することなども位置づけています。

いずれにしても、管理職として赴任した最初の年が勝負。新しい学校に行けば、

新・経営マネジメントサイクル

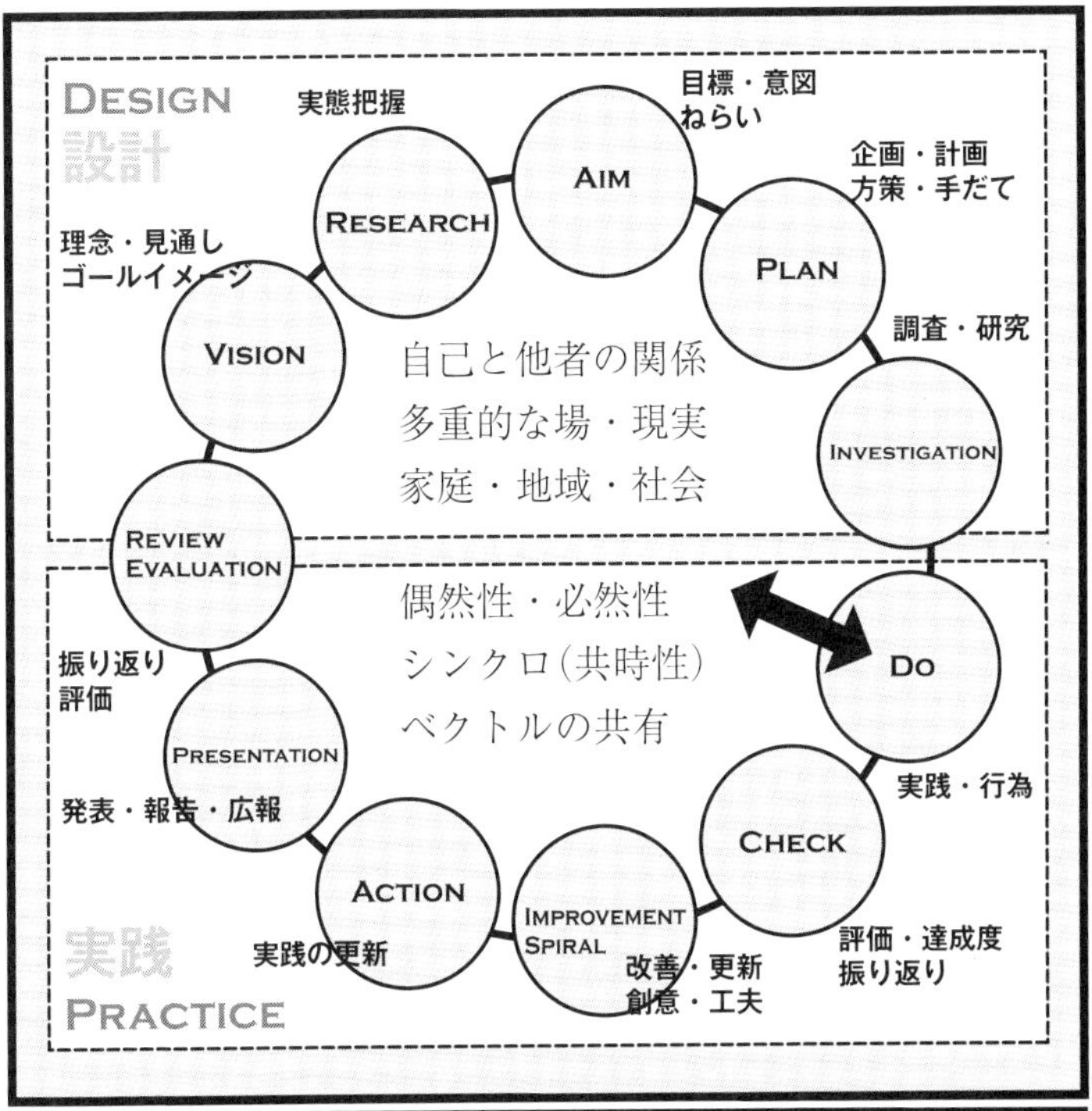

あらゆる場面・実践・生活でこの経営(マネジメント)サイクルが活用できる。

何かしら違和感を覚えるはずです。「前の学校とは違って、教員の挨拶が少ない」「あまり発言する人がいない」だったらと、「こうすればいいんじゃないか」という印象的状況の把握は、初年でないとわかりません。これが3年も経つとすっかりぼやけてしまう、これでもういいやと、よほどのことがない限り、馴染んでしまうのです。

ですから、管理職として赴任してきたときが勝負だと言ってもよいでしょう。「学校に着任したばかりですが、いま、こんな課題があると思います」と思いつくままに伝えておきます（何かに書いておくのでも可）。

着任早々に表明しておくことが大事なのです。年度末まで保留してしまえば、最初に感じた違和感が霧散してしまうことが多いからです。

ただし、管理職として自分が実現したいことの実際の「着手」については、しっかり時間をかけます。そもそも、校長として赴任して、最初の1年でできることなどたかがしれています。

まずは1年くらいかけて、どういう先生方がいて、どういう特徴があるのかをじっくり観察します。そして、どのようなイメージだったら先生方が楽しく仕事ができるかなとか面白いことができるかなとお試しで口にしてみて、その反応を見ながら学校の文化を理解しつつ、じっくり作戦を練るという案配です。そのような意味では、手間暇をかけた中・長期的ビジョンが必要です。

教員主体の学校組織づくり

1　組織がめざすべき方向を「子どもたちのライフ・マネジメント」に一本化

上司から与えられた仕事をきっちりこなす、このこと自体は大切なことです。しかし、それだけでは、人はモチベーションをあげることができません。「自ら課題を見つけ、解決する」プロセスを経てはじめて、モチベーションは高まります。子どもたちの学習と同じ。「生きる力」が求められているのは、何も子どもだけではないのです。

しかし、私は、さらにつけ加えたいことがあります。それは、「自ら課題を見つけ」の「自ら」が、「自分たちで」とか「チームで」に変わると、よりいっそうモチベーションが高まるということです。自分一人で実現するよりも、仲間と一緒に課題解決できたほうが、私たちは嬉しいようなのです。

課題解決のためには、ビジョンが大切だと言われます。ビジョンというと、何だか高尚なものでなくてはならないとか、根拠がしっかりしていないといけないなどとむずかしく考える人がいます。しかし、ビジョンにそんなものはいりません。

ビジョンに根拠はいらないのです。「こうなるといいな」という思いつきレベルでもOK。大切なことは、「そのビジョン、いいね♪」とみんなで共有できることです。なまじ根拠がしっかりしていると、かえって息苦しいものです。まして、小難しすぎれば、そもそも共有したいと思ってもらえません。**ビジョンとは、願いみたいなもの**なのです。

根拠を考えなければならないのは次の段階。願いと現実とのギャップを測定して、プロジェクトの構成メンバーが根拠をつくっていきます。教職員が考えることだから、チームとしての結束力とモチベーションを引き上げられるのです。

プロジェクトとは、そもそもそういうものだから、本来は外から与えられたものではありません。むしろ内部から生まれるもので、それが外に開かれたものとなります。

こうしたプロジェクト型の組織は、管理職が指示すればできるというものではありません。教職員もそう簡単には動いてくれません。

そこで、私はプロジェクト型が浸透するまでの間、まず「いま、子どもたちのライフ・マネジメント（生活経営、自分の人生を自分で営んでいくこと）が大事だと考えているけれど、みなさんはどう思います？　ちょっと考えてみてくださいね」と話を振ってみました。

2　プラスのルーティン

問いかけからはじまった私の提案は、少しずつ組織に浸透していきました。

まず、もともとやる気のある数人の教員（主にミドルリーダー）が、持ち前のやる気を出して、自分なりの取り組みを見せるようになったのです。その後、時間はかかりましたが、彼らはほかの教職員への火つけ役になってくれました。

トップダウンで行ったのではありません。ミドル・マネジメントを大事にしたのです。

いままでと違うやり方を浸透させるには時間がかかるものです。しかし、いったんプロジェクト型で一度回り出すと、あとはひとりでに回っていくようになります。これも教員文化のおもしろいところですが、**批判的に言われがちな前例踏襲も、組織全体にプラスになるようなルーティングが生まれると、そちらの方向へ自然と向かい出す**のです。

たとえば、いままでそんなことをしそうになかった教員から次のような声が聞かれるようになりました。

「自分たちで図書館をつくろう」

「生徒会には、複数の教員がかかわって積極的に進めていこう」

「いまのままだと使いにくいから、学習教室のレイアウトを変えませんか？」

それぞれ、自分の置かれている立場や役割を踏まえたうえで、自分たちがいいと思える組織が機能しはじめました。これはまさにプロジェクト型経営がうまく機能した姿だったと思うのです。

プロジェクト型経営は、私の失敗からはじまった

力のある教員が圧倒的な影響力をもっている、このことを否定的にとらえる人はいないでしょう。教員の世界は実力主義ですから、みんなから尊敬される人材（人財）は必要です。しかし、これには教員個人という観点から見る限り、という但し書きがつきます。

学校の組織づくりという観点から見ると、少し話が変わってきます。なぜなら、こうした強力な人物の使い方は、得てして間違えやすいからです。

たとえば、次のような案配です。

①力がある教員がいれば、自然と彼（彼女）のもとにいろいろな仕事や相談事が集まってくる。

②力があるから、どんな仕事でも何とかこなしてしまう。

③最初は単なるお願いごとだったのが、その人に任せれば安心だとなり、段々と任せきりにしてしまう。

④いつしかその教員を軸として学校が回っていくようになる。

⑤すると、今度は、学校のベクトルまで、その人がすべて決めてしまうような雰囲気を生み出してしまう。

⑥さらに放置すると、そうした状況が常態となってしまう。

⑦いずれ「うちの学校は、こうですから」といった、その教員がしてきたこと、口にしていたことがしきたりとなる。

⑧すると、管理職さえも（一目置くというよりも）従わなければならない雰囲気が醸成され、そのほうが経営も楽だということになる。

この段階まで来ると、学校組織の縦の関係はひっくり返ってしまいます。

その力ある（言わば学校の主のような）教員が、穏当な人柄であれば、学校は非常にスムーズに回ります。優秀な番頭さんのいるお店のようなものです。

しかし、もし力不足の教員を排除するような、あるいは自分の主義主張に賛同する教員の意見だけを重用するような派閥が形成されれば、いびつな組織となりモラールは低下します。

それでは「穏当な人柄ならいいの？」という話にもなりそうですが、それも長い目で見れば、結局はいつか必ず破綻します。

理由は簡単。

その人が事故にあって、あるいは病気になって学校に来られないようになったら？　あるいはその教員が異動になったら？　それでも学校はこれまでどおりうまく回るのか？という話です。

回るわけがありません。おそらくたいがい悪くなります。しかも、その人が学校の中心人物になる前の水準に戻るわけではありません。長いことをかけて培ったその雰囲気やシステムが一挙になくなるのですから、むしろ非常に悪い状況になります。

その人に頼り切ってしまった分、周囲の教員の力量が相対的に下落していることもあります。主体的な力を高めてこなかったからです。当然と言えば当然の話。程度の問題はありますが、これと似たようなことは学校ではよく起きます。

その教員が校長であっても同じです。大校長であればあるほど、いなくなった後のダメージはより甚大となります。「校長が替われば学校が変わる」と肯定的な意味合いで言われたりしますが、逆のパターンもあるということです。

すばらしい力量をもった大校長のもとで働いていたことで、力量形成が図られるどころか、むしろ自分の頭で考えて仕事をする力が衰えてしまったということがあれば、笑えないパラドクスです。

実は、こうしたことが校長として勤務していた学校でも起きました。

その学校には、私が赴任する前から素晴らしい能力をもった教務主任がいました。彼に任せておけば、見事に学校が機能するのです。本当に得難い人材で、学校の大番頭ともいうべき存在でした。

で、私もついうっかりその罠にはまってしまったのです。すっかり彼に頼ってしまったのでした。要するに、してはいけない種類の楽をしてしまったわけです。当然のことながら、後々そのツケを払わなくてはならなくなりました。

彼はあるとき病気に罹ってしまって学校に来られないようになりました。それからがもうたいへん。校内のことが微細なことまでうまく機能しなくなってしまったのです。これは、校長としての私の大失敗でした。

ひとりの能力、ひとつの才覚に組織を任せてしまうと、たいへんなことになってしまうのだなと痛感する経験となりました。「これほどうまくいかない状況だと、校長である私ひとりがいくらがんばっても埒が明くまい」というのが開き直りにも近い私の判断でした。「教員みんなで考えるしかないよな」と。

こうして生まれたのがプロジェクト型経営だったのです。

うまくいかない組織の典型

1　組織は人

コーチングなどの技法を駆使して、1対1の関係をよりよくするためには、その前提として、人間関係のしっかりした土台が築かれる必要があります。その土台とは組織です。

どれだけ個人のモチベーションを高められたとしても、組織が硬直化し、流動性と柔軟性を欠けば、人はよりよく働けません。むしろ、それが新しいことにチャレンジする機運までをも打ち消してしまい、「それなら、最初からやる気になどならなければよかった」などとなってしまう。これでは本末転倒です。

組織は、結局は人です。人の集団です。ですから、組織自体にも、いわゆる組織の性格というものが出てきます。たとえば、生活指導部はこんな性格とか。ちょっと極端に言えば、組織を人と同じひとつの人格をもった存在と考えることもできるのだと思います。法人とはよく言ったもので、組織が人としての性格や能力をもつのです。

性格もいろいろ、能力もいろいろ、力関係もいろいろ、やりたいこともいろいろな人たちが一堂に会すれば、組織もそれなりに、人格形成が図られていくのだと思うのです。

2　自分と他者との接合点を見つけてモノを言う

ひと言でいって、リーダーの意図が伝わらない、読み違えられる、故意に歪まされるなどの状況があると、組織はうまく機能しません。情報の伝達側である管理職の言い方が悪い場合もあるし、受信側である教員の受け止め方が悪い場合もある、あるいは、その双方が悪い場合もあるでしょう。理解とは相互補完的なものなのです。

楽器演奏と同じで、演奏者の演奏が観客に受け入れられるかどうかは、観客側のキャパもあるわけです。**「良い演奏家は、良い観客が育てる」**とも言われるくらいですから。これは、教師が子どもを指導する場合でも同じなのです。

たとえどんなに正しいこと、必要なことであったとしても、受け手側の能力を推し量らずに、杓子定規に高いレベルを要求しても無理なのです。無い袖は振れません。**その構成員にできること、できそうなこと、めざせそうなことを選んで学校のミッションをつくっていかなければならない**のです。

ロシアの心理学者レフ・ヴィゴツキーが言っている最近接発達領域（ZPD）の観点から考えれば、その人が、いまもっているものに近いところに接点をつくっていかない限り、決して次には進めない、ということなのです。

ですから、リーダーによる発信も、受け手側にとっていいものにしなければなりません。だから、学校の教員が元気になる組織をつくるのはむずかしいのです。

すなわち、校長としてのビジョンをもちながらも、それをただ自分の言葉で言えばよいというのではなく、（話す対象が個人であれ、組織であれ）相手がもっている能力や雰囲気と、自分自身のビジョンとの接合点を見つけてモノを言わないと、（言っていることがどれだけ正しくても）実現可能性はゼロになってしまいます。相手のモチベーションに着眼するなら、むしろマイナスになるとさえ言えるでしょう

このあたりをわかっていないと、組織の外側から論をもってきて、上から目線でこう言いだすのです。

「なぜ、あなたがたは前向きに取り組もうとしないのですか？」

「どうしてできないのか。こんなことは世間の常識ですよ」

「自分たちがおかしいことに気づいていないのですか？」などなど

こうしたことを口にする管理職などいないと信じたいところですが、実際にはいます。といいますか、むしろ文教施策上増えているような気がします。何を言っても上から降ってくる施策が多いのですから。しかし、本当は当の本人も、実はよくわかっていないこともあるということなのです。

やはり、自分と他者との接合点を見つけてモノを言うことが大前提となります。昔から「人を見て法を説け」と言うでしょう？　まさにそれです。法は必ずしもひとつじゃない、世界にひとつだけの真理があるわけでもない、要はその人にとっての真理があるだけなんだ、というとらえです。

こうしたとらえを是とするなら、学校組織は決して硬直的であってはならないし、

流動的で柔軟なものにしなくてはならないと考えるわけです。

では、教員のやる気や能力が生きる組織をどのように考えていけばよいでしょうか。まさにそれが、この本を書くことになった中心的な問いなのです。

まず、きっかけは、前述したようにスーパー教務主任がいなくなってしまい、学校がてんやわんやになって、「これはまずい、とにかくみんなで知恵を出し合おう」というところが出発点でした。そして、実際に取り組んでみると、**プロジェクト型経営は、まさに「人を見て法を説け」を実現するような組織づくりだった**のだと、いま振り返っているところです。

プロジェクト型経営の効用

1　1人が間違ったとしても、他がカバーできればOK—チーム力がキー

これまでも、学校組織については、さまざまなアプローチがなされていると思います。教務や研究など部局に分けた縦割り編成であるとか、一人一役であるとか。ただ、（学校規模にもよりますが）なかなか思うようにいかないことが多いようです。

唯一、うまくいっている場合があるとしたら、学校のトップに、見識高く、人望厚く、優れたリーダーシップを有する、たぐいまれな大校長がいるときです。このような学校は、ちょっとやそっとのトラブルではびくともしません。しかし、これはそもそも組織なのでしょうか？

実を言うと、偉大なリーダーがいれば、どんな組織であってもうまくいくものかもしれません。それならば、「大校長がいれば、学校なんて何だっていいじゃないか」となるかというと、そうでもありません。なぜなら、大校長の存在そのものが希有だからです。

誰にも真似のできない高いパフォーマンスを有する校長を教育行政がすべての学校に担保できるはずはありません。また、もしいたとしても、大校長という個の才能に頼り切ってしまうことによる弊害もあります。もしその校長が病気になったら、異動したら、退官したら、その途端に学校は機能停止してしまいます。

このことは、校長に限ったことではありません。副校長であれ、教務主任であれ、その人が優秀であればあるほど、また周囲の職員が彼らに頼れば頼るほど、（うまくいっているうちはそれでいいのですが）彼らがいなくなった途端に組織は機能不全を起こし、パフォーマンスが低下してしまいます。極論かもしれませんが、**組織には必ず**

しも大人物はいらないのです。

プロジェクト型経営は、そうした機能不全を回避してくれます。みんなで目標を設定し、その目標に向かってみんなで考え、一人ひとりの力を引き出していく組織運営だからです。

プロジェクト型経営は、誰かが間違ったとしても、他がカバーできればOKなんだというチーム力を醸成することに主眼を置きます。

教師といってもいろいろ。正直授業の下手な教師だってなかにはいます。しかし、たとえ授業が下手だったとしても、子どもと素晴らしい人間関係を築ける教師もいるのです。

プロジェクト型の組織では、たとえば授業力がすべてではありません。教師個々の得意技を生かした配置にするからです。

よいリーダーとは、その人のよいところや強みを伸ばすことに力点を置きます。子どもに対する教育と同じです。その人の苦手な部分を削ろうとしても、その人はちっともよくなりません。

学校経営がうまくいかなくなると、すぐに異動を勧める校長がいます。しかし、そのような校長では所属職員を育てることはできません。職員の悪いところばかりに目がいって、「この人には何を言ってもしょうがいない」と、何もしないうちから諦めてしまう放任主義の上司や親と大差ないからです。

どのような教師でも、「これだったら得意」だとか、「これだったらやってみたい」と思うことがあります。その意欲の火種を見つけ、火をつければよいのです。やりたくないことをやらせるより、やりたいことをやらせるほうがずっとパフォーマンスを発揮してくれます。

極端に言えば、ダメなところは、そのダメなところが得意なほかの教師にやってもらえばよいのです。そうすれば、結果的にお互いを補い合える組織となります。

このように、人はチームのなかで機能させることが大切です。評価も同じです。評価が個々の教師だけに向けられれば、萎縮してしまい、うまくいくことでも、うまくいかなくなることがあります。パフォーマンスが個人に還元されてしまうと、往々にしてその教師自身の余裕を奪います。

それをチーム力で考えることができれば、評価の受け止めがまったく違うものになります。チーム・リーダーが、「君の分は○○君が補ってくれたから、○○君の分を君が補ってあげればいいよ」と指導するようなチームであれば、萎縮したり、余裕を失ったりすることは少なくなるでしょう。そのためのプロジェクト型の組織なのです。

ほかにも大切なことがあります。いま目の前にある仕事の全体像と進捗状況がリーダーの頭に入っていること、それともうひとつ、リーダーが、経営のビジョンやゴールイメージもっていることです。この場合のリーダーは、必ずしも校長や副校長である必要はありません。校長・副校長は全プロジェクトを動かす全体のプロジェクトを受けもつからです。

プロジェクト型経営では、プロジェクトのゴールイメージも教職員と一緒につくることになります。

2　トップでもないボトムでもない、ミドルアップダウン型の意思伝達

この10年の教育行政や世間の風潮でいうと、校長が明確な経営ビジョンをつくり、それを所属職員に伝達して共通理解を図る、というもの。いわゆる、トップダウン型経営が推奨されていました。特に、学校選択制や民間人管理職制度を導入している地域では、それが信奉されていました。

その一方で、トップダウンとは真逆でボトムアップ型経営を提案する研究者も数多くいました。教職員組合などもそれを主張していました。

しかし、私はどちらも極端であると思います。

トップダウン型経営のよいところは、意思決定が早いことです。逆に、その分、校長の考えが教職員に共通理解されるまで時間がかかります。理解なくして実行なしですから、ときとして軋轢が生じることがあります。実践はどんどん前に進むし、成果も現れやすいけど、教職員側からすると「やらされ感」や「関係ないや感」が強くなります。

一方、ボトムアップ型経営では、教職員のしっかりとした共通理解のもとで意思決定を行うことができます。ただし、議論百出で意思決定までに時間がかかったり、きちんとまとまらずに結局何も実行できないまま終わってしまったりすることも少なくありません。

プロジェクト型経営においても、学校全体の方向性、すなわち経営ビジョンの雛形は、校長や副校長などの経営層がきちんと打ち出します。しかし、その経営ビジョンの明確化と、ビジョン実現のための方策については、可能な限りボトムアップで行います。そのため、この方法がうまくいくためには、ミドルリーダーの活躍が必要になります。つまり、ミドル・マネジメントこそ、プロジェクト型経営の要諦なのです。

これは民間企業でも同じでしょう。うまくいっている会社は、間違いなくミドルが元気です。ボトムからすれば年齢的にも職位も近いミドルが元気だと、何かと提案しやすい雰囲気が生まれます。

「こんなことを考えたのですが、どうでしょう?」ともちかけられたとき、ミドルが「おお、おもしろそうだね。じゃあトップにもっていこう」となる、今度はミドルがトップに「ボトムからこんな提案があったのですが」と言えば、「おお、いいね、私の考えたものよりずっといい」このようなやりとりができる組織であれば、自然と組織全体のモチベーションがあがり、それにしたがってパフォーマンスも高まります。これは学校でも全く同じです。

パフォーマンスを重視するのは、トップダウン型経営では当たり前です。しかし、教員のモチベーションという観点から考えると、トップダウン型におけるパフォーマンスは、トップの想定内に収まり、それ以外にはありません。

なぜなら、経営ビジョンを実現するための方策はもちろん、教職員が「やっていいこと」「悪いこと」といったローカル・ルールまでをもすべてトップが決めるわけですから、当然といえば当然です。しかし、逆に言えば、予定や想定を超える思いがけないパフォーマンスを得ることはできません。

一方、プロジェクト型経営の場合は、ときにはトップの想定を遥かに上回るパフォーマンスを実現できます。

もちろん、プロジェクト型経営の場合も、経営ビジョンの雛形はトップが提案します。しかし、それらを明確にしていくのは、組織の成員、学校なら教職員です。

学校のビジョンを明確にするためには、組織の成員である教職員が目的意識をもってポジティブにかかわる必要があります。さらに、実現可能なビジョンであるかどうかも検証しなくてはなりません。また、実現方策や実現する上でのルールは、成員である教職員が考えたほうがよいのです。

こうすると、トップダウン型経営ではあり得ない、トップが当初考えていた以上の素晴らしい結果を生み出します。なぜ、そうなるのか。それは、**プロジェクト型経営は、成員である教職員のやる気を引き出し、それを維持できる仕組みを提供するからです。**

また、私の提案するプロジェクト型経営は、欧米人が行うような合理主義的プロジェクトともちょっと違います。言わば日本型のプロジェクトです。喩えるなら、お祭り型経営と言えるかもしれません。

神主さんが、今度のお祭りは、豊作祈願となるようなお祭りにしたいというイメージ（願い）を伝えます。すると、若衆が豊作祈願となる祭りとはどういう祭りなのかを考えるところからはじめる、こんなアプローチです。

若衆から「それなら、こんな出店を出しましょう」とアイディアが出たら、「それじゃあ、君は出店のパートをやってね」。あるいは「せっかくだから、稲をモチーフにした神輿にしませんかね」と言ったら、「ぜひ、つくってください」と下駄を預けるような案配です。

思うに、**ミドルが強力な社会はすごい社会**です。トップがちょっとだらしなくても、何とかなる社会。まさに日本型です。欧米型は、一握りの極めて優秀なトップを社会がつくりだし、彼らに判断と決断を委ねるスタイルです。人・物・金に関する権限がすべてトップに集まります。

だから、欧米型では、トップがダメになると組織も連動してダメになります。その点、**日本型では、トップがダメになっても、ミドルが組織を再編できるのです**。

要するに、日本型は、欧米型に比べて意思決定のスピードこそ劣りますが、何か問題が発生したときのリカバリー力が計り知れない点に特徴があります。殊に、災害など誰にも防ぎようのないトラブルが発生した際には、その特徴が顕著に表れます。

3　教員がアウトプットできる舞台をつくる

経営ビジョンというと、むずかしく考えがちですが、そんなことはありません。「こんなことしたいなぁ」「こんなふうになるといいなぁ」という願望でよいのです。そもそも、ビジョンには本来根拠も理屈もいらないからです。

むしろ大切なことは、こうした「いいなぁ」を教職員と共有し、どうすれば実現できるかをみんなでつくりだしていくという方向性です。それが校長にあればよいのです。逆説的に言えば、そうであるからこそ、校長の最初の経営ビジョンが大事になってくるのです。

リーダーのビジョンは、現実をどう変えるかということがあって、これを他の人に代替えさせるわけにはいきません。これはやっぱり校長が自分で出さなきゃいけないのです。

そして、次の段階は、現状をきちんと把握し、ビジョンと現状との違いを具現化して目標やねらいにすることです。このあたりから校長は一歩引いてそれらをミドルリーダーである教職員に委ねます。

トップダウン型でも、結局同じように教職員に行わせますが、プロジェクト型では、やり方まであれこれと注文をつけることは差し控えます。「まぁ、とにかくやってみてよ」というノリです。これでやれというトップダウン型とは決定的に違う点です。

ここでリーダーが細かく指示を出してしまえば、何事もそのとおりにやろうとバイアスがかかり、自由な意見や提案が出にくくなるし、教職員が自分たちで考えようとする姿勢ややる気に水を差すことになります。

そこで、プロジェクトごとに教職員に分担させて、「こんなことをすればできるんじゃない？」ということをみんなで考えてもらうのです。そして、それぞれの分担ごとにプロジェクトのビジョンとプランを出していきます。

あとは、「最後に発表するよ。ちゃんと外部にわかるように出してね」とアウトプットすることをあらかじめ言っておけばいいのです。

管理職の仕事は、願望としてのビジョンを提案して、教職員に下駄を預け、彼らが試行錯誤した結果をアウトプットできる舞台をつくることだと言えるでしょう。

もちろん、進捗状況は把握しておかなければならないので報告させますが、連絡・相談は必要に応じてで十分。トラブルに発展しそうなときは口を挟みますが、そうでない限り教職員の自発性に委ねます。この際、ミドルリーダー（主幹教諭や主任）が中核となるのです。

こうした組織環境と仕事を遂行しやすいサイクルをつくることが校長の仕事。それさえできれば、（極端に言えば）責任を取ること以外に「特にこれ」という仕事はないと言ってもいいくらいです。

プロジェクト型構想の基礎理論

1 プロジェクト型の組織を試行したきっかけ

大学院で修士論文を書く際、私は米国ミネソタ州の母語教育である英語教育に着目しました。なぜ米国だったのか。あるいはミネソタだったのか。

それは、最も多くの人口を抱えている英語圏の母語教育を対象化することで、新しい日本語教育（国語教育）の姿が見えるのではないかと思ったことが理由のひとつです。もうひとつは、私がいくつか訪問した米国の州のなかで、ミネソタが、最も日本と雰囲気の近い州だったからです。

ミネソタには、学校選択制や成果基盤型の学習など、当時米国の最先端の教育改革がありました。いわば教育の州なのです。ちょっと日本の長野県や秋田県に似ているような気がします。

　ここでの見聞がその後の私の人生を大きく変えました。特に印象に残ったのが国語科におけるプロジェクト型学習。この学習方法については、多くの方が語っているので省きますが、私はこの取り組みを、企業のみならず今後の日本社会の求める学力にもつながると思いました。

　その特色は、おおむね次のとおり。

①目標を明確に定め、それに向かって各自の役割を決め、組織的に取り組める。
②探究型の取り組みであり、調査・研究・資料のまとめ・報告・発表・振り返りなど、一連の流れ（プロセス）が明確に示され、各自が主体的に取り組むことができる。
③パフォーマンス（結果）とプロセス（過程）について、きちんとしたルーブリック（評価規準）と一定の方略があり、何をどう行えばよいのか、明確に理解できる。
④各自の「何をいつまでにどうするか」に関する裁量権が最大限認められており、自ら主体的な取り組みが行える。
⑤人・書類等資料・インターネットの３点による調査研究が行われるので、バランスの良い取り組みが可能である。

⑥結果のみならず、プロセスの評価もあることから、短期・中期・長期の個々の目標に準拠した独自の取り組みが可能となる。

⑦自己の取り組みについて振り返り、成果と課題を明確にまとめることで、次のサイクルがおのずから生まれ、取り組みの継続が可能となる。

プロジェクト型学習は、同時にプロジェクト型の組織の取り組みとなることから、社会で生きて働く学習になると思われます。私は、基本的にこのような取り組みを組織対応、つまりマネジメントに活用したわけです。

2 プロジェクト型の組織を母体とした研究の立ち上げから軌道に乗るまで

実は当初、教職員一人ひとりに個別の課題を設定させ、主体的な研修を行わせようとしました。しかし、見事に失敗。1年目は大変でした。

個人プロジェクトは機能しませんでした。やるべきことがわかる人とそうでない人との差が大きくて、研究報告の提出もバラバラでした。結局、全体の研修としてはあまり意味をなさなくなってしまったのです。

外部からもプロジェクト型研究の研究者を招聘しましたが、それでもどうにもうまくいかない。完全な失敗です。「ごめんなさい」ですね。

そこで、方針を転換しました。「個人では無理だろう、チームでやらなきゃ」と。研究については思いがありました。まず第一に、予定調和的な研究にはしないこと。これが大前提です。そのために、教員の自律性をどこまで担保するかが問われることになります。

そこで、私は力量に差がある教員個人としてではなく、チームとして課題を設定し解決する仕組みを取り入れました。

優れた一部のベテラン教師に頼る弊害については身に染みていましたので、とりわけ全教職員のチームによる主体的な力を高めることで、学校力全体の底上げを図ろうとしたわけです。その際にミドルリーダーをよりいっそう活用することを考えました。

また、子どもたち一人ひとりの学ぶ力を高めるために、新しい組織を別につくるのではなく、既成の分掌組織をプロジェクト型の組織としました。全体のテーマも、これまでに取り組んできたキャリア教育を踏まえつつ、子どもの日々の生活と学習、そして生きることを大切にする人生経営を意識した「ライフ・マネジメント教育」として、それを具現するプロジェクトを実施していきました。

プロジェクト型の組織の特徴

プロジェクト型の組織を導入するに当たっては、最初に「なぜ、いま、プロジェクト型の組織運営が必要なのか」について、教職員が十分理解する必要があります。そこで、私はこれまでの組織運営とプロジェクト型の組織運営の違いについて、次のように説明しました。

1　現状の変化は既成の組織分掌では十分に対応できない

学校の校務分掌には、おおむね教務部、生活指導部、進路指導部、保健給食部、事務部などがあります。この組織分掌には次のメリットがあります。

○組織が汎用的であること

どの学校の教職員もその組織編成になじんでいて、学校においての仕事の引き継ぎや来年度のプランニングが比較的容易。新たな学校に赴任したとしても、その分掌の仕事内容はおおむね理解できるし、前任者からの引き継ぎもしやすく、分掌組織の機能も明確です。このことから、新たなメンバーもチームの一員として自分の職務が遂行しやすいのです。

○日常的な業務の円滑な遂行に機能を発揮すること

このような組織は汎用的であるばかりでなく、現実の日常的な業務において優れた機能を発揮します。教育課程遂行上のさまざまな職務、子どもの教育活動に資する情報の提供、生活指導上・進路指導上の多様な業務など、学校に必要不可欠な日常的な業務の遂行を担保しています。この分掌組織のもつ強みについてはきちんと認識される必要があります。

しかし、このようなメリットがある一方で、およそ次のようなデメリットもあると考えます。

●社会の変化や教育を取り巻く状況の変化に機敏に対応しにくい

日常的でルーティン的な内容や、前例踏襲型の事業については非常に機能的です。しかし、新規事業や新たな枠組みを必要とするような事業では、うまく機能しません。これは、既存の組織がいわば「学校の恒常性」を前提に組織されているからです。

ところが、社会の変化に学校が対応しようとする場合、これまでになかった異なる取り組みを求められることが多くなります。

たとえば、学校選択制に対応するための広報活動や学校紹介のための枠組みとして、具体的には学校案内のリーフレットや学校のＨＰなどの作成があります。また、学校の魅力をより高めるために、これまでの学校の取り組み以外の事業を学校の特色として新たに発想し推進しなければいけない場合もあります。このようなこと（いままでにはなかったこと）への対応がきわめて弱いのです。

●組織横断的な取り組みや事業に弱い

先に述べた学校の広報活動、ＨＰの作成などは、各分掌や学年が多面的に参画しなければできないにもかかわらず、既存の分掌組織では対応しきれません。しかも、課題に対応する委員会などのプロジェクト型の組織を新たにつくるとすれば、これまでの組織との競合や対立が生まれます。また、両者の整合性や重複も課題です。

●学校組織の経営的視点（いわゆるＰＤＣＡのマネジメント・サイクル）から見て、プロセスが不明確になりがちで、成果が見えにくい

これまでの分掌組織は、前例踏襲型の恒常的事業展開が主でした。経営的視点からすれば、従来の事業に比べ、成果はどれだけあがったのか、どの程度効率よく推進できたか、どのようなプロセスがより望ましいかなど、改善・効率化の点が問われます。したがって、分掌内の反省や総括についても、その方向で評価されること

になります。しかし、それでは、既存の対応は評価できますが、新しい事柄にチャレンジするような取り組みの評価がむずかしいのです。

それに対して、プロジェクト型経営は、そのときどきの明確な課題のために組織運営が行われるので、どこまで達成したか、今後解決すべきことは何かなど、現状を明確に把握することができます。

さらに、これらの組織の成員が、それぞれの明確な課題を意識して取り組むことから、一般には外部だと考えられている保護者や地域の方々の多くも、それぞれの具体的な課題に対して主体的に取り組むことが可能になります。

このことは、特に大切なことで、たとえば、コミュニティ・スクールの学校運営では、それらが一体的に行われることになるのです。また、たとえコミュニティ・スクールでなくても、保護者・地域との協働がいっそう推進されます。

このようなことから、私は課題対応型のプロジェクト型の組織を新たに再編したのです。

2 プロジェクト型のメリットとデメリット

一般にある教務部、生徒指導部、研究部を見直し、プロジェクト型組織として再編したことにより得られたメリットとデメリットは次のとおりです。

①メリット

○教員の主体的な取り組みが啓発され、教員のモチベーションが高まった。
○学校組織と教員個々の取組が一致し、人事考課面接や教員評価に直結した。
○分掌プロジェクト（「分掌」を「系」とネーミング）ごとの協議が充実したことで、教員同士の人間関係が密になった。
○職場の雰囲気が健全かつ温かいものになった。
○課題探究型のシンプルな組織となり、子どもや保護者にわかりやすくなった。
○研究テーマ「学校と地域で生徒のライフマネジメント力を高める」へのプロジェクト（系）ごとの取り組みが明確化した。
○研究テーマへの方向性により、各系の課題が明確になり、子どものキャリア教育・生活指導・学習指導が相互補完的に機能し全般的に充実した。
○それに伴い、子どもの学校への帰属意識、学習意欲、生活態度が大幅に改善した。
○分掌の課題が明確となり、子どものみならず、保護者・地域の学校への理解が進み、自分たちが何についてどうするかという参画意識が高まった。

②デメリット

○システム自体は継続して機能するが、その内実は、人つまり教師の力量にかかってくること、これはどのような組織でも同様である。

○校長・副校長のリーダーシップ、各プロジェクトの中核となるミドルリーダーの意識と機能がプロセス及び成果に直結してくる。

○前例踏襲の安定ではなく、新しい課題や取り組みをどの程度行うか学校の方向性が問われる。

○マンネリや停滞を防ぐためには、各プロジェクトを実際に機能させる必要があるが、そのためには、校長・副校長・主幹教諭など経営層による適切な課題の発見や設定が必要となる。コミュニティ・スクールの場合では、校長のみならず学校運営協議会の意識と機能が大きく影響する。

要は、プロジェクトをプロジェクトたらしめ機能させる主体的力量が問われるのです。

「系」によるプロジェクト型の組織の可能性

しかしながら、各系によるプロジェクト型の組織には、次のような可能性があるので、強く推奨します。

①分掌ベースのプロジェクト型の取り組みなので、どの学校でもすぐに活用することができる。

②一度プロジェクトを経験した教員は、この有効性についての理解を深め、自分なりに更新しながら実践することができる。

③課題を変えることで、どの学校種やどの地域の学校でも対応できる。

④進路・生活・学習の三本柱により、学校・子ども・保護者・地域の力を同時並行的に高めていくことができる。

⑤校長・副校長・主幹教諭・主任教諭のみならず、各プロジェクト内の個々の教員の意識と機能が高まる。

⑥組織をよりシンプルに、より課題を明確にして、取り組みの成果と過程を明確にできる。その結果、学校のムリ・ムラ・ムダのカットと教員のパフォーマンスの

向上がセットで促進され、教員の「多忙感」を解消できる。

プロジェクト型の分掌組織の実際

私の実践の最終ミッションは、「子どものライフ・マネジメント力を高めること」です。

このミッションは、各系共通のミッションでもあります。違いは、3つの系が有する独自の観点から、それぞれ迫っていくという点です。

このプロジェクトには、次の3つの系列で組織しています。

①プロジェクトA：キャリア教育系

②プロジェクトB：生活指導系

③プロジェクトC：学級指導系

このうち、②の生徒指導系で求めるものは、簡単に言えば社会性の育成です。「とにかく子どもたちの社会性が高まりそうなことは何でもやろう」「でも、社会性の育成に直接寄与しない事柄であれば思い切ってやらないようにしよう」という

プロジェクトA　キャリア教育系

ライフプランの立案
ライフスキルの育成

人間性、可能性、能力を引き出すキャリアプログラムの開発

- □ 働くことの意義や喜び、苦労などの認識、望ましい職業観・勤労観の育成
- □ 社会性の向上、自己の生き方の構築
- □ 自己の進路を主体的に考え、個性・適性を生かした進路選択の促進
- □プロジェクト型学習の発想を取り入れ、現段階でのゴールを設定し、それを達成するためのビジコンを構築

「本学」の見直しと再構築

- □ 職業という観点を中心とした、本校に適したキャリアプランの展開
- □ 学校・家庭・地域交流を通した自己理解の深化
- □ 1年次に職業調べ、職業インタビュー、職場訪問などで学ぶこと・働くことの意義や役割、職業への理解の深化
- □ 2年次に44ヵ所の事業所での職場体験を実施

3年間の「進路ノート」の作成

- □ 1年次から使用しているファイルにポートフォリオとしての機能をもたせ、情報を収集
- □ 職場訪問後の新聞、職場体験後の小グループによる体験報告などの資料を積極的に活用
- □ 諸活動を通した課題対応能力の育成

プロジェクトB

生活指導系

豊かな心と社会性の育成

社会性の育成(ソーシャル・スキル・トレーニングの実施)

- □ ソーシャル・スキル・トレーニングの実施
- □ 年度当初の学級での構成的エンカウンターの実施
- □ レク活動や班活動を通して、他者理解や協働活動の取組
- □ 学期末等で実施した学級アンケート
- □ 職場体験や職場訪問での接遇の学習
- □QU テストに基づく、子どもの社会性の実態調査

人権感覚と思いやりの心の陶冶

- □ 思いやりのある心の基盤となる子ども自身の心身の健康の保持増進「ふれあい月間」での「いじめに関するアンケート」実施
- □ 3年生を対象とした保育実習の実施
- □ 特別支援学級との交流授業の実施
- □ 地域でのボランティア活動を年間 10 回実施

「あじみそ・マモル」の実現

- □ 生徒会朝礼を通した生徒会本部、各委員会の活動
- □ 学級委員や生活委員を中心とした服装点検、チャイム着席の点検強化週間の実施
- □ 生徒会朝礼でのパワーポイントや書画カメラを活用した広報活動の実施

プロジェクトC

学習指導系

能力と可能性の育成

ＩＣＴの活用と授業改善

- □ ＩＣＴ機器の校内研修会の実施
- □ 学習教室の実施（ｅラーニングを活用した学習活動）
- □ 授業での実物投影機の活用拡大
- □ 授業研究週間の実施

学習指導要領への対応

- □ 週２９コマ、学習指導要領の指導内容、週時数の先取り実施
- □「学習ガイド」（シラバス）作成
- □ 学習指導要領に基づく評価方法についての校内研修会の実施

各教科における言語活動の充実

- □ 年間を通した朝読書活動の実施
- □ ブックトーク、読み聞かせの校内研修会の実施
- □ 公立図書館によるブックトークの実施
- □ 図書館の整備活動
- □ すずかけ文庫の設置

その他

- □ 数検、英検教室の実施
- □ 小中連携授業の試行実施

とらえ方です。

③の学習指導系ではどうか。一般的な学校での庶務・総務としての教務部とは違い、求めるのは学力の向上。「未来を広げる確かな学力の育成」です。そこだけを徹底的に研究し実行します。

それから、①キャリア教育系では、生き方教育とその出口「夢を実現させるキャリア教育」です。

ここで、**ひとつ思い当たりませんか？　研究部にあたるセクションがないことに。**要するに、従来型の研究部を解体して、①～③の**それぞれの系統すべてに研究機能を割り当てた**のです。それがこの組織の肝です。実地の教育活動を臨床に位置づけ、それぞれの系統の方向性から研究し、学校のミッションを遂行していくというイメージなのです。

このように、3つの系ごとに、役割を完全特化し、教員がそれぞれのミッションを共有することをめざしています。これがしっかり機能するには、それぞれの系にかかわって、a直接的でない事柄（派生的・間接的な事柄）、bむしろ余計だと思う事柄は可能な限り排除し、なるべくシンプルな骨組みだけを残し組織化することが必要です。

その過程で、それ以前にあったいろいろな行事、事務仕事を可能な限り統合しました。不必要な分担で教員がオーバーフローすることを回避し、本当に実現すべきことに焦点化したのです。

プロジェクト型の組織「各系」を支えるマトリックス

1 ジグソー法を応用

学年と分掌は、常に縦と横の関係にあります。私は、この関係をジグソー型になぞらえています。ジグソー学習法の応用です。

ジグソー学習法とは、協働学習を促すためにアロンソンによって編み出されました。

まず、1つの長い文章を3つの部分に切り取り、それぞれを3人グループの1人ずつが受けもって勉強します。次に同じ分担のメンバーが集まり、自分が勉強した内容を互いに紹介し合って理解を深めます。最後に元のグループに戻り、内容をもち寄って統合し、全体像を浮かび上がらせる学習方法。ジグソーパズルを解くような感じなので、ジグソー学習法と呼びます。

この手法は、子どもたちの学習だけでなく、大人の研修方法でも有効です。相互の共通性や相違点を比較検討するのに適しているからです。自分の勉強した事例について一番詳しいのは自分なので、他のメンバーに教える必然性が生じるところがミソです。

わたしは、この手法を組織運営に応用しました。実は、プロジェクト型の組織は、このジグソー法を行えるようになっているのです。

2 プロジェクト型マトリックス

ジグソー法における各分担の3つのグループが、プロジェクト型の組織のキャリア教育系、生活指導系、学習指導系に該当します。

たとえば、校内では第1学年、第2学年、第3学年があり、校外では保護者や地域があります。それがそれぞれ分担して系に属することになるので、すべて縦と横の構造をもつプロジェクト型マトリックスになるわけです（**図参照**）。

このマトリクスのいいところは、誰の目からも一目瞭然であるという点です。地域と協働してコミュニティ・スクールを運営するときにも、それぞれ3つのブロッ

プロジェクト型マトリックス

		A キャリア教育系（進路指導主事）	B 生活指導系（生徒指導主事）	C 学習指導系（教務主任）
	統括（管理職）			
教員組織	第１学年（学年主任①）	●●●	●●●	●●●
教員組織	第２学年（学年主任②）	●●●	●●●	●●●
教員組織	第３学年（学年主任③）	●●●	●●●	●●●
教員組織	第４学年（事務主任）	●●●	●●●	●●●
外部組織	学校運営協議会（コーディネータ）	外	外	外
外部組織	ＰＴＡ（会長）	●●●	●●●	●●●
行事	運動会（実行委員）	●●●	●●●	●●●
行事	文化祭（実行委員）	●●●	●●●	●●●

ク（各系）に構成員が分かれて話し合いをします。教員も3つのブロックだから、非常に明快になります。すると、「いま、ここはちょっと弱まっているな」というような課題が、容易に見えてくるようになるのです。

たとえば、学校行事なども3つの系を横断的にやるので、3つのブロック（各系）から見てどうかという観点から話し合えます。簡単明瞭で、効果的です。保護者や子どもとのやりとりも、この3つの要素で全部機能します。

実は、プロジェクト型の組織やジグソー法を特に意識していなくても、うまくいっている学校では、組織や仕事の関係性が、結果的にこのようなマトリックスになっていることが多いのです。

このマトリックスがあれば、特定の教員の才覚だけに頼ったり左右されたりすることもなく、教員数や児童・生徒数など学校規模が異なっても基本的に同じですから、どんな学校でも取り入れることが可能です。

従来の組織と特に異なるのが学習指導系です。

従来の教務部に近い分掌ですが、学習指導系がめざすのは子どもの能力と可能性の追究です。教務部のような教育課程を管理する分掌組織としてではなく、教員がよりよく実務を遂行していくことに主眼が置かれます。すなわち、研究機能をもたせているので、教務部よりもはるかに子どもたちの教育に直結する分掌組織となるわけです。

各系を縦に割ると、109頁の図のように第1学年、第2学年、第3学年と、マトリックスになっています。横のマトリクスには、各学年主任が入り、縦のマトリックスには各系の主任（分掌主任）が入ります。

管理職は、全体を統括する立場になるので、この3つの分担には入りません。トランプで言えば、ジョーカーのようなものです。プロジェクト型の組織では、キャリア教育系、生活指導系、学習指導系の3つがマトリックスの構造をもつので、管理職はマトリックスの外側に位置し、ワイルドカードとして適宜参加し、組織全体を見渡す視点から統括します。

図にある第4学年とは、事務職員や用務主事が該当します。このマトリックスは、副校長が統括します。

たとえば、用務主事は、どちらかというと生活指導系でしょうけど、給食費の徴収などは事務系で、実は学習指導系であることがわかります。よりよい生活を支えるために給食活動があるのです。

このマトリックスに入るのは、あくまでも人です。

たとえば、人が7人ずついたとします。1学年3クラスだったら1組、2組、3組の担任、それに加えて副担任や期限付き任用教員、市区町村の教職員など、教育にかかわるいろいろな立場な人がいることになります。そうした人たちをベースとして3つの系ごとに振り分けます。

従来の分掌組織と割り振り方が異なる点に注目してください。仕事の種類だけではなく、人の機能、あるいは強みなどの特性で割り振るのがミソ。その上で、各系ごとにめざす目標に向けて、それぞれの仕事をつくっていきます。仕事は、割り振られるものではなく、自らつくっていくという意識づけに自然となるのです。

従来の分掌組織図が、あみだクジのようなピラミッドでよく表現されることが多いのは、仕事ベースで分掌されることに理由があります。しかし、そうすると「誰が」という「人」が見えにくくなるのです。仕事を遂行するのは「人」であるにかかわらず、その人が有する「特性」が組織図のなかで埋もれてしまうのです。

このプロジェクト型の組織だと、管理職が決めるのは、ほぼ主任や主幹教諭についてだけとなります。それ以外には、教員間で力量の差や、何を得意とするかといった特性によりバラツキが出るので、バランスを考慮しながら各マトリックスに入るメンバーの仮置きをします。

あとは、各学年や分掌の主任たちに任せ、「A先生は、うちの系統のほうが仕事がやりやすい」「もうちょっと学習指導系に人を増やそう」などと話し合って、各メンバーの入れ替えを行ってもらいます。

さすがに揉めて争うことはないですが、ときには、「B先生、このメンバーでいい？」「それはちょっと困ります。C先生はうちがほしいです」と、なかなか決まらないこともあります。

それもよいことだと思っています。みんな自分たちの系のために何が必要なのか、そのために誰が必要なのかと主体的に考えるわけですから。そこには、トップダウン型にはない、それでいてボトムアップ型でもない、ミドルリーダーの主体性のある議論となり、本当の意味でミドル・マネジメントが機能します。

もし主任間でどうしても決定まで漕ぎ着けなければ、そこは管理職の出番です。基本的に最終の決定権をもちながら、それを頭から行使するのではなく、調整者としての役割を負うのもプロジェクト型経営の特徴です。

このように説明すると、よく次のような質問を受けます。

【質問①】 プロジェクトA、B、Cのそれぞれの主任の先生方は、それぞれ第1学年、第2学年、第3学年といったラインになりますか？　それとも、たとえば極端に言うと、第1学年の学級担任のなかにA、B、Cの3人の先生が集まってしまうこともあり得ますか？

[質問②] たとえば、Aの主任だったら第1学年、プロジェクトBの主任だったら第2学年、プロジェクトCの主任だったら第3学年のような形で学年を構成することになりますか？

質問①については、そのような想定そのものを考える必要はありません。なぜなら、そもそも各系と各学年でマトリックスを構成するのですから。そのために、管理職はバランスを図りながらメンバーを仮置きし、意図的・系統的にばらけるようにするのです。

質問②については、むしろそのような固定的な配置を打破し、柔軟に組織運営を行うことが目的ですから、質問②のような学年構成にはなりません。もしそうしてしまったら、学年単位でバラバラに機能してしまい本末転倒となります。

組織力は、そのときどきの教員のもっているスキルや経験値によって変わってきます。ですから、固定的にせずになるだけばらけるようにすることが肝要です。なにしろ、周囲から「だめだ、だめだ」と言われていた教員が、1年かそこらで急激に職能成長を果たすことだってあるわけですから。

また、ばらけさせるのは、特定の教員に仕事が集中しないようにするという効用もあります。仕事ベースではなく、人ベースで仕事を考えるからこそできることだと思います。もし、学校規模が小さく、教職員数も少なく、従来型の分掌組織であれば、一人何役もの役割を負い、多忙を極めてしまいます。

しかし、そうではなく、プロジェクト型の組織では、少なければ少ないなりに人ベースでマトリックスをつくります。すると、できることが限られることが明白になるので、そうした学校では仕事量の調整を優先しようという機運が生まれるでしょう。

安易に仕事を減らそうとするのではなく、ゼロベースで何ができるかを考え、既存の仕事を精査して関係性の強いもの、一方がもう一方を包含するものを統合する、ということができるのです。

3　マトリックスで学校運営協議会やＰＴＡを考える

プロジェクト型マトリックスのよいところは、教職員の仕事に役立つだけではない点にあります。たとえば、ＰＴＡやコミュニティ・スクールに置かれる学校運営協議会との連携においても応用可能です。

私がいた学校は、コミュニティ・スクールでしたが、学校運営協議会のメンバー12名（教職員を除く）は、すべてマトリックスに位置づいていました。すなわち、協議会のメンバーも、キャリア教育系、生活指導系、学習指導系の3つのプロジェクトのいずれかに在籍していました。そのおかげで、協議会での議論も、総論的な空中戦にならずに済みました。

よくあることですが、地域の方などは、一般に学校の実情や文教施策について、何かしら知識をもっているわけではありません。そのため、彼らは自分の経験則をよりどころに話をします。

しかし、「自分が子どものころは…」などと言ってもらったところで、何の役にも立ちません。また、そもそも何を言ったらいいかわからない方もいらっしゃって、議論が一方的になったり、深まらなかったりすることも多いのです。

しかし、メンバーがあらかじめ3つのプロジェクトのいずれかに在籍していれば、それぞれの系でめざす目標実現のための議論を教員と一緒にできるのです。教員と協議会のメンバーのベクトルが一致するからです。ですから、議論がブレないし、具体的かつ建設的な意見も出て、しかも同じ目的を共有できるので、いい機運が生まれます。まさに、いいことづくめなのです。

プロジェクトAは、キャリア教育系だから、子どもたちの将来の夢や可能性を伸ばすために、地域や保護者にどうかかわってもらうかといった議論になるし、実際に「今度、うちのお店で職場体験活動をやってみませんか？」と地域からも提案してもらえるようになります。

プロジェクトBの生活指導系であれば、たとえば地域でのボランティア活動、部活動や生徒会活動への支援など、プロジェクトCの学習指導系であれば、放課後や長期休業中の学習教室の運営などといった取り組みが検討され、効果的・継続的に実現させることができます。

ブレずに仕事を遂行する手法

1　仮説を立てる

繰り返しになりますが、プロジェクト型経営における校長・副校長などの管理職のビジョンは、言わば「願い」みたいなものです。

しかし、そうはいっても、念仏のように「願い」をつぶやいているだけで、教職員が奮起して主体的に仕事をつくってくれるものではありません。殊にプロジェクト型経営をはじめたばかりの学校であればなおのことそうです。「何」を「どう」すればよいかわからず、ぽかんとするか、めんどくさそうな顔をするだけでしょう。教員が主体的に動き出せるようになるまでは、校長・副校長が彼らのネジを巻かなければなりません。そのとき必要なのが仮説です。「○○と△△をすれば、きっと学校が、あるいは子どもたちが□□となるはず」という仮説です。

私は、「学校と地域で子どものライフ・マネジメントを高めたい」というビジョンをつぶやくとともに、まず何からはじめたらよいかを例示しました。

このような仮説は、校長と副校長（教頭）が作成します。ただし、あまり細かくは決めません。およそ当たりをつけられる程度にとどめておきます。現実に遂行可能か、もし課題があるならどう解決していけばよいかについては、ミドルリーダーに担ってもらうことが大事だからです。

そこで、各学年や系（分掌）の主任たちが集まる運営委員会で、初期段階での方向性としてアイディアレベルの案や、地域連携を進めるとか、子どもの能力と可能性を育てるといった方向性やキーワードを打ち出しました。

そのうえで、「とりあえず私としてはこう考えているけれど、何を重点にするか、どう進めていくかを各系で話し合ってみてください。必要なら、私の示したものを変えてもいいですよ」と話をしました。

2 プロジェクト型の組織の浸透のスピード

こうした方向を示した1年目は、管理職として打ち出した内容がそのまま手を加えられずに戻ってきたりしました。本当は、ミドルでよく揉んでもらいたかったのだけれど、私が赴任する前の経営方針を受け入れていた教員の意識は、そう簡単に変わるものではありませんでした。

実際、教員にしてみれば、「いままですべて管理職が決めていた事柄を、今度は自分の頭で考えなさい」と言われるわけですから、考えるにしても、何をどう考えたらいいのかわからないのです。

トップダウン型経営なら、なおさらそうでしょう。「トップが言うんだったら、やらなきゃいけないんだ」という受け止めなのです。

しかし、2年目に入ってくると、ちょっとずつ感じが変わっていきます。

私が、今年度の重点目標としばらく先の継続的な目標の両方を提案してみたところ、中堅の教員数名から「自分たちで少し変えてもいいのかも」「もう少し明確にしてもいいかな」「より焦点を絞ろう」「これとこれなら入れ替えてもいいかもしれない」という声がチラホラあがりはじめました。

私は「どうぞ、どうぞ」と言って、彼らに話し合ってもらいました。すると、趣旨が似通った教育課題などを統合するような動きが出てきたのです。このころあたりから中堅の教員（ミドルリーダー）が主体となって、自分たちなりにプロジェクト型経営を考えるようになっていったのだと思います。

たとえば、授業研究や生徒指導研究の場合には、最初の段階で「なんかちょっと子どもたちの笑顔が足りないよね。もっともっと生き生きできるといいな」という願い（ビジョン）を出して、仮説の段階になったとき、「もし○○ならば、こうなるはずだ」と提示します。

次の段階は「提案」です。「いま、こんな考え方があるのだけど、それについて各系で考えてくださいね」と話をもちかけ、その場にいる教職員で話し合うのではなく、プロジェクトにもち帰って話し合わせました。

「十分に話し合いをした結果であるなら、校長としての私の提案内容を変更してもいい」というオプションつきで。

教員としての自分の成果は、必ずアウトプットさせる

1 研究指定を取りにいく

いまの時代、教員（だけではないかもしれませんが）何よりも求められるのは、表現する力、すなわちプレゼンテーション力です。「自分の考えていること」「こうすべきだ」あるいは「すべきではない」ということを、相手が納得する形で体系化してアウトプットすることです。

このようなアウトプットは、学校内での会合はもちろん、教育委員会や地域といった学校外に対しても必要とされることです。たとえば、研究指定を受けて必死で研究したものについて、「自分は子どもの学力向上のためにこんなことをやりました」など、教員が自分の存在意義を主張できるような力を養成することが、これからのリーダーの務めだといってもよいでしょう。

しかし、教員はあまりやりたがりません。プレゼンすることに苦手意識をもっている場合もあるし、そもそもやったことがないからやりたくないという意識もあります。そこで、アウトプットすることを教員に慣れさせるためにも、私は積極的に

研究の進め方

研究テーマと各系のプロジェクトの関係

「学校と地域で子どものライフ・マネジメント力を高める」

プロジェクトA
キャリア教育系

ライフプランの立案

重点目標
○キャリアプログラム開発と進路ノートの作成
○「本学」の再構築
○健康・体力の向上と食育の推進

プロジェクトB
生活指導系

豊かな心と社会性の育成

重点目標
○社会性の育成（ソーシャルスキル・トレーニング）
○人権感覚と思いやりの心の育成
○「あじみそマモル」の実現

プロジェクトC
学習指導系

学力と学習意欲の向上

重点目標
○コンピテンシー（できる力）の育成
○学習意欲・学習習慣の形成
○各教科での言語活動の充実

プロジェクトの成果は子どもの変容で示す

研究指定を取りにいっていました。

実は、研究指定を受けると、ほかにもいろいろな特典があるのです。ひとつには人（教員加配）、もうひとつがお金（予算）です。

学校規模に対して、人（教員）が多くなれば、分掌もあれもこれもとならずに済んで、それぞれの教員が自分の仕事に集中できるようになります。また、予算が多くなれば学校のやれることの幅が広がります。人材はもちろん、お金も学校にとってとても大切なのです。

研究指定ばかり受けていると、「ただでさえ忙しいのに、余計に忙しくなる」と口にする人がよくいますが、それは管理職のやり方が上手でないからです。

人材と予算をうまく運用できれば、教員の多忙感を軽減することができます。また、国や教育委員会からの指定ですから、学校の覚えもめでたくなるし、学校の経営がやりやすくなるし、教員もよい評価を得られるのでやる気も高まるとなれば、いいことづくめと言ってよいでしょう。

2 自己申告を活用する

よりよい学校をつくるには、管理職が独り相撲をしていても無理です。教員自身が、積極的にアウトプットしていく土壌をつくることが何より大事です。そのために、キャリアアップをめざす自己申告などを活用すればよいでしょう。

自己申告には、プロジェクトのなかで自分がやったこと、自分がかかわったことを何でも書かせればいいと思います。大学の研究者のように、「これは実績として認められる」「認められない」という様式があるわけではありません。何だって思いつくままに書かせるのがよいのです。自己申告により、教員であるその人のキャ

ライフ・マネジメント構造図

リアになる活動を積極的に後押しすることです。

私の考えるマネジメント・サイクルのなかで、一番大切なことはビジョンとプレゼンテーションです。教員が自分自身をアウトプットすることが浸透していくと、自分が何をしたいのかが明らかとなるだけでなく、周囲の人たちも、彼（彼女）が何をしたいのかがわかるようになるので（見える化されるので）、新しいことにチャレンジする機運が生まれ、そしてまた実践的な研究に勤しむようになります。

このようにアウトプットしようとする教員が増え、それにより予算が増え、多忙感もいつの間にかやる気に変わるとするなら、これこそ素晴らしいポジティブ・スパイラルだと思いませんか？

ただ、最初から教員に発破をかけてその気にさせるのはむずかしいので、まずミドルリーダーである主幹教諭や主任にその気になってもらわなければなりません。

ミドルリーダーのなかには、あれこれ言わなくてもアウトプットできる見識の高い教員がいます。一を聞いて十を行える人です。そうしたリーダーを模範として、少しずつ周囲に広めていくというイメージをもつとよいでしょう。

第3章

学校管理職のためのコーチング技術

いい職場をつくるための判断基準

まず何よりも職場の雰囲気が柔らかくなったかどうかが問われるべきです。それには、教員同士の良好な人間関係の構築・維持が欠かせません。とはいえ、闇雲に「お互い助け合いましょう」と言ってよくなるほど、簡単なものではないでしょう。そこで、職場の雰囲気が柔らかくなるために、次の４つの条件をあげたいと思います。

①学習指導であれ、生徒指導であれ、すべての教員に最低限の力量形成が図られること。

②主義主張を同じくする者同士だけがくっついていつも離れず、周囲と一線を画して派閥を形成するようなことを許容しないこと

③一対一の関係であれ、一対多の関係であれ、たとえどれだけ間違った主張であったとしても、その教員の人格や仕事っぷりに転化して排除しないこと

④要領ばかりいい教員の言い訳、強権的な教員の独善、上司や力の強い教職員におもねる教員の保身に引っぱられない学校風土を形成すること

①については、たとえ能力的に一定水準に満たなくても、やる気をもって力量形成しようと努力する姿を周囲に見せている場合には良しとします。かえって、まわりに「助けよう」という、よい機運が生まれます。初任者の場合がその典型ですが、ベテランであっても基本は同じです。

②については、同じ見方・考え方の者同士で群れたがるのは人間の特性ですし、その特性が、たとえば教授法の研究の推進力となれば周囲にも還元できるので、むしろよいことだとも言えます。

しかし、学校内での派閥化は絶対に阻止しなければなりません。そのためには、彼らの主義主張をアウトプットする機会を与え、それをみんなで対象化したり、享受したりする仕組みをつくればよいのです。これはまさに、プロジェクト型経営の得意とするところです。

③については、間違った主張に対しては、正当に反論する必要があります。しかし、排除の論理となってはいけません。排除するような言動を見かけたら、双方でしっかり話し合う機会を設ける必要があります。

決して見て見ぬ振りはいけません。単に一人の教員が孤立してしまうだけでなく、それを放置すれば、「何かあれば自分も助けてもらえない」という空気が生まれます。

学級経営と同じです。いじめやそれにつながる言動を絶対に容認してはいけません。

④は、いちばん厄介かもしれません。要領ばかりいい人、強権的な人、上司や力の強い教員におもねる人はどこにでもいるし、何をどう言っても、ほとんどほかの人の話に耳を傾けようとはしないからです。

彼らに引っぱられてしまえば、組織は歪み、場合によっては心を病んでしまう教員が出てきます。逆に、彼らの独善に振り回されずに済んだとしても、結局は彼らが孤立し、職場の雰囲気は悪化します。たらい回しはまずいのですが、雰囲気を変えるためには、その中心人物に上手に異動してもらうほかないでしょう。

いずれにしても、精神的に落ち込んでいる教員や、そのために休んでいる教員をバッシングするような職場はダメです。たとえ、口調は冗談っぽくでも、排除の論理はアウトです。

そうではなく、**「大変なんだよね、あの人も。みんなもがんばろう」と支えてあげられるような職場であれば、それは巡り巡ってすべての教員に居心地の良いシャワーとなって降りそそがれる**でしょう。

こうしたことは、教員の顔つき、職員室での会話で何となくわかるものです。こうした雰囲気をいち早く察知できる立場にあるのが副校長や教頭です。校長の方針を一番よくわかっているのも彼らですから、職員室や教員の精神状態をよくチェックし報告を欠かさないようにしてもらいます。

赴任先の職員室の雰囲気がギスギスしていたら…

ギスギスするに至った原因はさまざまでしょうけど、どうなりたいのかと問えば、みな「いい雰囲気になりたい」と思っているものです。「でも、むずかしいよね」とあきらめ顔。だからギスギスしたままなのです。

管理職としてすべきことはただひとつ。お互いに自分の言いたいことを言い合う、そしてそれが許される
んだ、という雰囲気を醸成すること。これに尽きます。

まずは教員個々にヒアリングを行って状況をしっかり掴み、ときにはお互いに言いたいことを言ってもらいます。

その際、発言の最後に「どうすればよくなるか」とポジティブなことを必ず言ってから発言を切り上げるというルールを設けます。そもそもギスギスしているわけですから、とっかかりはネガティブな内容に終始します。しかし、建設的な意見が

末語にくるなら、そうそうもめごとには発展しません。

それともうひとつ。私のよく使った手ですが、校長や副校長自らが率先してグチや文句を言うという手です。

たとえば、私が副校長のころ、次のように言ったことがあります。

「この間、教育委員会から依頼が来た調査報告、A先生に頼んでいるけど、あと3日で出せなんて、ちょっとひどくない？」と先生方に切り出しました。みなさん、一様にぎょっとした顔をしていました。それに続けて言います。**「あー、もうひどいな、この書類は。ちょっと校庭で焼いちゃおう。ついでにみんなで焼き芋パーティでもやろうか」**

先生方みんな大爆笑、一瞬ではありますが和気あいあいとした雰囲気が生まれました（自分の弱みや本音を語ることもたまにはうまく機能します）。

実は、その数日前に教育委員会と次のようなやり取りをしていたのです。

書類の日付を見れば、いつ教育委員会が文部科学省などから依頼を受けたものなのか見当がつきます。その日付と学校が受け取った日付を照合すれば、担当指導主事の手元に何日留め置かれていたのかもわかるわけです。

私ははっきりモノを言うほうなので、職員室から教育委員会に電話をかけて、担当指導主事に苦情を言いました。「なんで1週間もの間、あなたのところにあったのですか？」と。こうしたやりとりは、教員も（盗み）見たり聞いたりしています。こうした布石があっての大爆笑だったわけです。

もちろん、実際に焼き芋パーティをしたわけではありません（できるはずもありませんが）。しかし、「副校長であっても、みんなと変わらないよ？」というメッセージにはなります。「もっともっと自分の思っていることを口に出してもいいぞ」という雰囲気づくりと、「もっと気楽な職場にしようよ」という提案でもあったのです。

このようなことがあってから、「副校長もたいへんですね」という声もかかるようになりました。

ライフステージに応じて働きかける

校長としては、まず副校長や教頭の信頼を得ること。それが第一です。次に主幹教諭や主任を大事にすることです。

1　校長と副校長との関係づくり

（好きな人もあまりいないでしょうけど）私は、もともと事務仕事が苦手です。だから、とても忙しかった副校長時代でも、時間があるときは、子どもたちや先生方の様子を見る名目で、校内を見てまわっていました。

結局、夜の7時くらいになって、「仕方ない、やるか」みたいな感じで、嫌っていた事務仕事に手をつけるような始末でした。で、当然退勤は夜遅くなります。ただ、そのおかげで、仕事の話だけでなく世間話も含めて、先生方（特に主幹教諭や主任の先生）とはずいぶん打ち解けて、お互いの考えを交換することができました。こうしたことが学校経営上よかったのだと思います。

特に、校長と副校長は、学校の屋台骨みたいなもので、双方の考えがちぐはぐだと学校が混乱してしまいます。なかには、リーダーシップの名の下に、強権発動したり、副校長を怒鳴ったりする上位下達型の校長もいるそうですが、私はそういうキャラではないので、（ときにはトップダウン的なこともしましたが）和気あいあいのほうがいいだろうと思っています。

また、そうした私たちの様子は、ほかの教員もみな見ています。校長と副校長の関係が良好であれば、そのよさが段階的に教員たちに伝播していくものです。

校長と副校長・教頭はパートナーであると、しみじみ思うのみならず、それが学校経営の戦略でもあります。

2　主幹教諭や主任への働きかけ

とにかく主幹教諭や主任の教員たちを大事にすること。ミドル・マネジメントはこれに尽きます。主任は学校のビジョンを具現化する動力源です。彼らミドルリーダーが本気にならなければ、どんなチャレンジも水泡に帰します。

主幹教諭や主任の職能成長は、トップダウン型の指示では促せません。管理職の手足とはなり得ても、よくて指示待ち人間、ひどいときにはただのイエスマンとなるのが関の山です。では、どうすればよいか。

主幹教諭や主任ひとりにつきひとつ、たとえば次のような相談をもちかけます。

「いまさ、朝学校に来て子どもたちに声をかけても、なかなか顔をあげて挨拶を返してくれないでしょ？　私はそういうの、ちょっと寂しいと思うんですよ。もうちょっと何とかならないかなあ。子どもたちの挨拶が活発になれば、学校全体がもっと元気になると思うのですが……A先生はどう思います？」

このようなつぶやき型の提案です（ほかにもぼやき型もありますが…）。

一方、同じ趣旨であっても、次のような言い方もできます。

「よりよい人間関係の基本は挨拶。満足に挨拶ができない子は大成しません。しかるに、本校の子どもたちと来たら、ろくな挨拶ができていません。いままで、先生方は何をやっていたのですか？　いったいどんな指導をされてきたのですか？　これは本校の大問題ですよ？　早急に対応してください」

私は、決してこのような言い方はしません。教員が「よし、やってみよう」だなんて間違っても思ってくれませんから。

こんなことを校長が言い出したら、「わかりました。善処します」と口では言いながらも、私だったら心のなかで舌を出してやります。「着任したばかりで何を言ってるんだ！　よくわからないくせに」と。

私が職員室に顔を出して、「B先生、ちょっといいですか?」と呼んだりすると、「また呼ばれちゃったよ。忙しいのに、今度は何の用だよ」みたいなことを言いながら、けっこう嬉しそうに来てくれます。で、私としては、校長室で「B先生だからちょっと頼むんだけど、この問題についてどう思う?」とやるわけです。

これは必ずしも教員に限らないと思いますが、上司からの呼び出しは、仕事の指示を受けるか、注意を受けるか、叱られるか、褒められるかの4択。しかし、私の場合は違います。つぶやくか、ぼやくか、相談するかの3択。いずれも、結語は「で、○○先生はどう思う？」です。

実のところ、これは婉曲な提案型の指示です。多くの教員は喜んで私の提案に乗ってくれました。なぜならば、こうした提案だと「やらされ感」が湧きにくいからです。むしろ、頼りにされる相談を内に含んだ提案なのです。そもそも、教員にはお節介好きな人が多いですから、頼りにされるとがんばっちゃうのです（子どもに対しても、同様ですが…）。

私が、校長室に呼ぶのは、各プロジェクトのリーダーを担う教員が中心です。主幹教諭や主任がやる気になってくれさえすれば、ほかの教員にも積極的に働きかけてくれるし、校長としても楽だからです。しかも、私のやり方が浸透してくると、彼らも私と同じようにプロジェクト内の教員につぶやきはじめます。「○○先生はどう思います？」って。私は心のなかではニヤリとしつつ、そうした光景を職員室で眺めていました。

もうひとつ大事なことがあります。それは、こうしたことを成功させるためには前提条件があるということです。

先に述べたように、教員の世界は、ある意味で実力主義です。校長といえども、一教員としての才覚が問われます。先生方から教員としての才覚が認められれば、言い方ひとつで物事を切り盛りできます。しかし、認められなければ最悪。フォロアのいないツィートみたいなものです。どんなつぶやきも誰もキャッチしてくれず、寂しい思いをするだけです。

校長もやはり教科・領域の専門性をもつべきであると私は強く思うゆえんです。

3　若手教員の育成

「最近の若い人たちは…」は、いつの時代も変わらない中年以上の人たちのぼやきです。しかし、近年それにも増して若手の育成がむずかしい時代だと言われるようになりました。新しく赴任してくる若い先生方の考え方は、昔とずいぶん変わってきているように思います。

昔ならば「こうしなさい」「これはダメ」などと、上位下達式の指導・助言を行っていれば、とにかくも「はい」「すみません」「がんばります」という返事が返ってきました。歯を食いしばってがんばる先生が美徳とされていたからです。

しかし、いまの若い人たちはどうでしょう。

「指導・助言しても、自分が納得しないと動かない」

だからといって、

「自分から行動を起こすわけでもない」

こんな傾向があるように思います。

適切な指導・助言であっても、受け取る側がそう考えなければ、単なる叱責になってしまいます。これまでとは違うコミュニケーション手段が求められるゆえんです。彼らの意識をいかに高めていけばよいか、これは一筋縄ではいかないでしょう。

私自身は、若手に対しても、トップダウン型の手法はとりません。むしろ、とってはいけない、それはときにトラブルに発展するとさえ思っています。

そこで、とにかく「いいね」と言える若手を少しずつ増やすことに腐心しました。「C先生の授業って、いいね」「D先生のクラスの子どもたちは、いいね」という案配です。

校長、副校長、主幹教諭が3本の矢だとするならば、普通はその結束にばかり目を向けがちだけど、私は欲張りで、これに事足れりとしません。4本目、5本目、6本目と、矢を増やしていけるほうがいいに決まっていると思っています。

しかしその一方で、闇雲に矢を増やすと、かえってトラブルに発展することがあります。誰も彼もが、自分のいいと思うことを口にしはじめて、主義主張を同じくするいくつかのグループができてしまい、挙げ句の果てには陰口合戦、足の引っ張り合いが起こります。そうなると目も当てられません。

そうではなく、より高次の組織するための矢を増やすのでなければなりません。それには何が必要でしょうか。

それはもうただひとつ。できるだけ早い時期に、若手に自分の得意分野をつくらせること、これに尽きます。

得意分野を伸ばすことの具体を語る前に、ちょっと昔話です。

なまじ力がある教員をミドルに据えて、何のケアもせずに任せきりにしてしまうと、次第に前例踏襲、安全パイ、大過なくと、ただただ同じ居場所に居座り続けるようになります。なんだかんだと理屈をつけて、毎年同じような分掌を維持しようとするわけです。

私がかつて勤務した中学校でも似たようなことがありました。たとえば、中堅の教員が学級担任を手放そうとしない、そういう状況が放置されていたのです。

若手教員が経験不足で力がつかないまま年を経て、異動先で突然学級担任を拝命したらどうなるか。想像するだけでぞっとします。力をつけずに若手教員を次の職場に送ることになるのです。その教員も不幸、受けもたれた子どもたちも不幸、結果学校も不幸、いいことなんて何ひとつありません。

実際、私の学校にも、教職5年目にしてまだ一度も学級担任をやったことがないという教員が何人もいました。

学校の短期的な目標からすれば、若手にやらせるよりも経験を積んだミドルがやったほうがいいに決まってます。トラブルだって少ないでしょうし、安定しているわけです。しかし、若手は、中堅にはもちえない魅力をもっているし、若いというだけですごいことであり、ひとつの武器なのです。それは、若いうちだけの特権です。

「若手は知識と経験がない」ということを悪い意味で使うほうが多いかもしれません。しかし、この「知識と経験がない」ことが、かえって良い場合もあるのです。

なにしろ、そもそも何も知らないのですから。中堅がルーティンでやっている仕事も、誰もやったことのないような仕事も、彼らにしてみればいずれも新しいことなのです。つまり、若手は、何も知らないし、守るべきものもまだないがゆえに、新しいことへのチャレンジが日常そのものなのです。

それに若いほうが子どもとの年齢的・精神的距離が近い。これは、言うまでもなく武器です。しかも、若いときにしか使えない期間限定の武器です。使わせない手はないでしょう。

体力的な武器もあります。年配になると、子どもたちと一緒にグラウンドを駆け回るような力はなくなります。無理なことをさせようとしたっていいことはありません。

年齢、経験、知識、立場に応じて、それぞれの役割を示唆することがリーダーのミッション。個々の力量や何を得意とするのかについては、十分見定めなければなりませんが、教員のライフステージに応じた仕事を割り振る必要があります。

下剋上というわけではないのですが、私は、あるとき中堅の教員に学級担任を外れてもらって、周囲の教員から「力が足りない」とみなされている若手を中心に学級担任を任せました。若い人たちをもっと活躍させようと考えたわけです。

なかには26歳の教員を進路指導主事に抜擢したこともあります。もちろん、中堅教員からの批判もありました。しかし、「それなら、みなさんが助けてあげてほしい」と言ったのです。

結果、抜擢されたことをきっかけとして、グングン伸びていった教員が出てきました。なかには、全くうまくいかない教員もいましたが、まわりが支えたので大きな問題に発展することはなく何とかなりました。

短期の結果のみを評価指標にすることに、私は基本的に疑問を覚えています。**失敗は成功の足がかり。元気で、やる気と体力があり、まだ変なクセがついていない若いうちに、させておかなければならない失敗というものもある**のです。

その一方で、若手を進路指導主事に抜擢したり、中堅を学級担任から外したりしたことで、彼らのプライドを傷つけないよう、たとえば学級運営に関しては後見人よろしく中堅を若手のバックにつけました。これで一切の不満は出ません。

小学校ですと、そもそも学級担任ベースですから、こうした状況は生まれにくいと思います。しかし、中学校では、小学校とは違い、学級数よりも教員数のほうが多いのですから、管理職が方向性を打ち出さない限り、若手に出番がありません。どんどん若手に学級担任や主任をやらせて、ベテランには若手を補佐してもらいます。

管理職としては、「○○ができない」という若手のメンタルブロックを外すとともに、若手とベテランの双方のモチベーションを念頭に入れながら上手に双方のメンタルケアを図る必要があるのです。

4　相互の合意形成に基づいて物事を決定する

へんな喩えかもしれませんが、こんな話があります。

日本企業のビジネスマンとアメリカ企業のビジネスマンとの大きな違いは、経営者と従業員のどちらに決定権があるか、ということだそうです。

アメリカ型経営は、すべてにおいてトップダウン型だと思われています。けれども、実際は少し違います。

たとえば、次のような栄転の打診があったとします。

「今度新しい支店をつくったから、そこの支店長になってもらいたい」

日本では文字どおり辞令1本。従業員に選択の余地はありません。しかし、アメリカだと少し勝手が違います。

「外国勤務になるし、大変だけれども給料は上がる。君にとっていいキャリアになるだろう。家族とも相談して1週間後に結論を出してほしい」

こんな案配です。本人に最終的な決断が委ねられているわけですから、従業員の決定権が尊重されるわけです。

もし、日本人が、同じように話を振られたらどうでしょう？　混乱するでしょうか。むしろ、嬉しいかもしれません。特に、若手のメンバーなら。

国籍を問わず、目上から期待されたら嬉しいし、何とか応えようと思ってしまうのが人間の性。日本の辞令一本という仕組みを安易に否定するつもりはありませんが、せっかく教員に何か仕事をしてもらうならば、「やらされ感」ではなく「自分がやってみたい」と私は思わせたい。こうしたこともコーチング技術のひとつです。

実は、異動の打診も同じ論法です。

「リピーターへのあなたのきめ細かなケア力の高さを疑うものは、この支店にはいない。私も十分認めるところだ。しかし、いま、この支店で必要としているのは販売力。どれだけ新規受注を増やせるかで、今期の結果が大きく変わってくる。この支店ではなかなかあなたの能力を生かせないだろう。次の支店では、再受注の顧客サポートが職務の中心。あなたには打ってつけだと思うので、ぜひがんばってほしいのだが、どうだろうか？」

異動には違いありません。しかし、言い方ひとつで雰囲気は変わります。管理職のプロモーション力が問われるところです。

企業を喩えにもち出しましたが、言いたいことの本質は学校も同じ。大事なことは、相互の合意形成に基づいて物事を決定するということなのです。

やる気をなくす上司の発言

世には、やたらと強権発動をしてしまう校長がいます。トップダウン型経営こそ、これからの学校組織には大切だ、不必要な教員はどんどん異動させてしまおうという校長がいます。

他方、ただただ大過なく過ごせればいいと、問題を見て見ぬ振りをする（先送りする）校長もいます。ボトムアップ型が大事だと教員任せにして（どちらかというと放置して）、その実「どうせ、がんばったって何も変わらないよ」と自分にうそぶき、できるだけ遠くに自分の責任を押しやろうとする校長もいます。いわゆる、事なかれ主義です。

いずれの校長も、だからダメだと一刀両断するつもりはありませんが、よく観察すると、両者の内に共通項が見えてきます。「教員の上に立つ校長になったものの、実は、教員としての自分の才覚に自信をもてずにいるんじゃないかな」ということ。だから、教員みんなとタッグを組んで、というのが苦手で、両極端に走ってしまう。根っこは同じなのかもしれません。民間人校長が、なかなかうまくいかない理由でもあります。

教員と共にがんばる頭領や親方のような校長が望ましいのです。何を言うにしても、**結局は言い方ひとつで、割と簡単に人はやる気を出したり、逆に失ったりするもの**なのだと私は思います。言い方とは、すなわち見方や考え方なのです。

一方、優秀な指導力をもち、これまで良好な人間関係を築いてきた教員でさえ、管理職になった途端に教員のやる気を削ぐような言動をしてしまう場合もあります。けれども、たいてい本人は、そのことに気づいていません。

教師Ａ「これがちょっと期限までにできないんですが…」
管理職Ａ「なんだ、そんなこともできないのか」
教師Ｂ「うつになっちゃって、今いろんな問題が起こっているんですよ」
管理職Ａ「私の若い頃はもっと大変だったぞ。それに比べれば今のほうがずっと楽だ」

管理職同士が集まって、酒の席で「いまの若いもんは…」とグチを言い合う分にはいいでしょうけど、それを職場で若手の教員にぶつけたら、せっかくがんばろうと思う気力を削ぐだけです。

パワハラ、モラハラよろしく、教員のやる気を失せさせる上司の発言は、なかなかなくなりません。せっかくやる気になっていたのに、「そんなこともできないのか」と言われ、ただ失敗をとがめられても、次の成功は臨めません。

なぜ、彼らは教師のやる気を削ぐことを平気で言ってしまうのでしょうか。

それは、自分に余裕がないからです。そして、自分自身への肯定感が希薄だからです。きっぱり断言できます。だから、目先のことしか考えられずに発言してしまうのです。

目標管理は管理職の重要な仕事ですが、目標には本来、短期的目標、中期的目標、長期的目標があります。人材育成も同じです。短期・中期・長期の視点が必要です。

しかし、スピードが要求されるいまの時代、年を追うごとに長期の視点をもつことがむずかしくなってきています。だから、どうしても短期的な視点にとらわれ、成果を急ぐあまり、つい「すぐやれ」とか、「すぐ結果が出なきゃだめだ」と口にしてしまって、教員からやる気を奪うのです。

かといって、「長期的な視野に立って」と言っても、なかなかできるものではありません。リーダーも教員も余裕がなくて、いっぱいいっぱいなのです。それでは、そんな余裕をどこからもってきたらよいでしょうか。

組織以外にありません。余裕がないといっても、全教員が同時に忙しくなるわけではないから、忙しさにもばらつきがあります。こうしたばらつきを利用して、仕事なり役割を上手にシェアできる組織であれば、あれやこれやと上司が「キィーキィー」言わなくても済むのです。

リーダーの心構えについて考える

1　意欲だけに着目していても、活路は見いだせない

一口に「教員の意欲を高める」と言っても、学校によって条件が全く違うことを痛感します。

自分の頭で考えることができて、取組も一方向に流れるのではなく、バランスもとれていて、結果校長が何も言わなくても自動的に機能していくような学校。そんな学校なら校長は楽です。そもそも教員の意欲について考える必要もありません。

一方で、生活指導に課題があったり、学習困難な子どもが多かったりした学校の場合には、それなりの手立てを考えないといけません。そんなとき、先生方に「もっと考えろ、意欲的に取り組め」とただ促しても無理でしょう。

なぜなら、校長に言われるまでもなく、これまでだって何とかしようといろいろな手立てを講じていたはずですから。にもかかわらず、「うまくいかない」という現実に直面しているわけです。そんな先生方に対して、「意欲」を問題にしても仕方ないのです。そのような学校では、（たとえ対症療法にすぎなくても）まずは具体的な手立てこそ必要なのです。管理職としては、何らかの手立てをトップダウン的に指示し、教員に取り組ませ、学校の課題解決に専念することになります。

2　教員が活躍できる舞台や場面をつくる

「どういう学校づくりをするのかは、校長のビジョンとデザインの問題。だからそれを具現化できるような能力の高い教員に依拠していくのが学校経営だ」このようにとらえる考え方があります。

私自身、管理者となったころは、同じように考えていました。しかし、さまざまな経験を経て、いまは違う考え方をするようになりました。

いまある状況が今後とも続くだろうという見通しをつけることがたいへんむずかしい時代です。これから先、ますます学校が担うべき役割の質と量が問われ、それに伴う責任も過多になるでしょう。もはや教員個人のポテンシャルに頼るだけでは担保できません。

このようなとき、「困った、困った」と頭を抱えていても仕方がありません。むしろ困難な状況を逆手にとり、学校が上手に生き延びていく時代なのです。ピンチをチャンスに変えるということです。

私がかつて赴任した学校は、歴史のある伝統校と言われている学校で、長く在籍している教員がとても多い学校でした。ですから、教員にも地域の人たちも、学校の歴史をよく知っています。保護者も卒業生が多いので、自然と学校へのかかわりがあり、地域における教員の社会的ポジションがしっかりしていました。

しかし、私が赴任してしばらくして、学校の主のような大番頭だった主幹教諭が異動したことで、これまで問題なく回っていた校務や教育活動に大きな支障を来すことになりました。

こうした課題に直面したことで、結果的に自分たちでやらなければいけないという切実感みたいなものが職場に生まれました。何年もその学校にいるのに、学級担任をやりたがらなかった教員たちが、（若手に頼らざるを得ない状況もあって）少し目覚めてきました。

とはいえ、ただ切実感があるというだけでは、学校は変わりません。このとき、

現時点での能力の多寡にかかわらず、教員が活躍できる舞台や場面をいかにつくるかということが、学校を経営するうえで何より大事なのだと気づきました。その上で、先生方に「やらせる」のではなく、彼らを信頼し、より権限を委託していくような仕事の振り方を工夫することが大事なのだと感じたのです。

これは、管理職というより、経営層としてのリーダーの心構えです。

異動は最大の研修

前に述べたように、スーパー教務主任がいなくなってしまったことで、私たちは思いがけずプロジェクト型の組織をつくりました。逆に、それが功を奏して新しいリーダーが育ったのです。災い転じて福となすといいますか、学校でこういうことはよくあるのではないでしょうか。

とはいえ、プロジェクト型の組織を立ち上げ、それが機能するまでには、いろいろなことがありました。その一つが異動です。

1年を受けもっていた国語の教師。彼はとても優秀でしたが、私とは意見が合わなかったようです。彼は異動を希望しました。彼は学年主任でしたので、面談を通じて私は2回留任をお願いしました。しかし、3回目でもやはり異動を希望したので、そのときは承諾しました。

周囲からは、「あの人いなくなったらまずいんじゃないですか」と言われました。しかし、本人がほかの学校に行きたいと言っているのに、頼み込んでいてもらっても仕方がない、（たとえどんなに優秀であっても）期待を超えるようなパフォーマンスはムリだろうと思ったのです。それが私の考え方です。

必要な人から、異動希望が出されたら、私は2回まで慰留して、3回目は必ず了解するようにしていました。その代わり、「この学校にいたい」という教員については、可能な限りいさせるようにするし、「この学校に来たい」という教員についても同様です。しかし、そのときに必ずミッションを課すようにしていました。

たとえば、ある教員には「2年以内に主幹教諭になること」をミッションとしました。どのようなミッションを与えるかは、その人や状況を見て判断します。

自己保身からではなく、その教員の将来やキャリアを考えて、決して恨まれるような異動措置はとらないように心に決めていました。「去る者は追わず、寄る者は拒まず」これが私の異動のポリシーです。

東京都では、自己申告で校長が「×」だったら残す、「○」だったら異動させるという取り決めです。ですから、教員自身も異動したいし、校長も出したいと思っていたら「○○」となります。

実際は双方の意見が一致することは少なくて、「○×」だったり、「×○」だったりするわけです。学校経営上の校長の意向は、多くの場合尊重されます。私は、自己申告の表示だけで決めるようなことはしたくなかったので、面談のときに調整していました。

「学校にいていただいて結構なのですが、いまのままでは大変ではないですか？」と切り出して、学校を休んでもらうことにした教員もいますし、異動してもらったり、ときには辞めてもらったりした方もいます。

しかし、そのことで、私は誰かから恨まれた覚えはありません。相手の話に耳を傾け、理解し、その上でその人にとってどのような選択がベターであるのか一緒に考えた末の言葉であれば、人から恨まれるようなことにはならないのです。

だから逆に、当時の室長から「どうしてA先生を出さないのですか？」と問われて、「再来年は異動してもらうかもしれませんが、来年は私の考える彼の役割がありますから、まだいてもらいます」と答えたこともありました。

室長は、なかば呆れたような顔をして「私なら出しますけどね」と言ったので、反射的に「いえ、本人がいたいと言ったら、条件を出していてもらう。それが私の経営方針ですから」と言いました。すると「先生がそうお考えならそれで結構です」とそれ以上は何も言いませんでした。

人との関係は、縁でできています。人事にこれを生かすことも私のポリシーなのです。

教員との面談のもち方あれこれ

1 面談する前の下ごしらえ

面談に当たっては、個々の教員の力量を自分の目で確認しておかないといけないので、常日ごろの授業を見ます。

1時間の授業をしっかり見るのは年に3回。自己申告のときに合わせて見るようにします。それ以外にも、校内をぶらぶら回っているときに廊下からちらりと見たりとか。それだけでもどんな雰囲気なのか何となくわかります。そのようにして、先生方の状況をとらえて、その先生にとって何が必要なのかを知り、もう一歩踏み出せるための場や機会をなるべく与えるようにしていました。

また、「私は、〇〇という考えをもって授業を見ている」という管理者の意図が、あらかじめ教員に浸透している必要があります。「えー、校長が見てる、どうして！」みたいなことになったら、いつもどおりの授業を見ることができません。

自分の考えや思いを伝えるために、私は「校長室だより」を出して、それを活用していました。先生方が学級だよりを出すのと同じように、月に2回、私は、先生方に担ってほしいミッション、自分の思い、授業観・学力観、現状の学校のとらえ方など、いろいろと書いていました。面接時でも、それを使っていました。

2 面談の実際

面談は年3回。学期ごとにそれぞれテーマをもって行います。

1回目が5月から6月にかけて、2回目が9月から10月にかけて、そして3回目が12月から1月に行います。

1回目は「あなたは、教員として、今年この学校で何をやるつもりか」ということ。新しく赴任してきた教員も多いですから、「どうですか？ 本校の雰囲気は？」

といったあたりからはじめて、彼（彼女）が何をしたいのかを、短期・中期・長期のタームごとに聞き取るようにします。

いわば、自己申告のフォーマットを完成させるような働きかけをするわけです（あらかじめ、自己申告書を書いてもらう場合もありますが、途中でも可としました）。ベテランの教員には、しっかり踏み込んで「今年はどんなことを考え、実行に移すつもりか」という具体を聞き出します。これを自己申告書に反映させます。

2回目は「どうですか。やり残したことはありますか？　しっかりできたこと、いまはまだできていないことを考えてみましょう」と言って、項目ごとにその先生のよかったところと課題を切り分けていきます。次に、それらを踏まえて、「来年のことについて、どんなふうに考えていますか？」とちょっとプラスして話を振ります。

3回目の面談は、今年の成果と課題、来年度の方向、自分のやりたいことを中心に話を聞きます。異動についても自己申告してもらいます。

いずれも、その先生に先の見通しをもたせるための問いかけです。なかには「本校ではもう3年経つので異動したいのですが…」と予期せぬ答えが返ってきて、「弱ったなぁ」と思うこともありますが、それはそれでいいんじゃないかと割り切ります。

面談の目的は、管理職である私や学校にとってよい答えを引き出すことではありません。その先生の教職生活や今後のキャリアがよりよいものとなるようにするために行うものです。そうであればこそ、学校に残った教員はがんばってくれるし、今年よりも来年、来年よりも再来年と、年を追うごとにいい学校になれると期待をもち、それを実現しようとするのです。

また、来年度の系（分掌）と進退については、どの学年に行くかとか、どの系で仕事をしたいとか、その立場についたら何をやるかについて繰り返しヒアリングします。

教員の職能成長を後押しするために、ときには「先生、来年もこの学校に残ります？　先生ももう3年目。それでも残るというのであれば主幹教諭になっていただけないと、残すに残せませんよ？」などとかなり具体に踏み込んだ話もします。つまり、条件を明確にするのです。

ほかにも、いままで副担任しかやってこなかった教員に対して、次のように話したこともあります。

「来年で4年目。学級を受けもつ経験をしないと、次の学校に行ったときに先生のキャリアを疑われかねません。どうです？　来年度やってみませんか？」しかし、たいていネガティブな返事が返ってきます。「自信がないです…」と。

それはそうだろうなと思います。ちゃんとできるとみんなに思われていたら、もっと早くから担任を受けもっていたでしょうから。しかし、実際は周囲から評価されたことはないし、本人自身もそのことをよくわかっているから、３年近く放っておかれたわけです。

しかし、学校には「仕方がないか」と悠長に構えていられる余裕はありません。いまのご時世、「できる力量がついてから任せる」では、さまざまな課題に対応することはできません。走りながら考え、力量を身につけていくほかありません（やらないことはできるようになりません。子どもも教員も同じ）。

もともと、最初からうまくいくことなんてありません。頭ではわかっているつもりでも、うまくいかないこともあるだろうし。しかし、実際にはやってみてわかることのほうが多いのです。できるかできないか、うまくいくか否かを問わず、とにかくやってもらうこと。そのために、ミドルリーダーがしっかりフォローできるような仕組みを設けておけばよいのです。

いい職場にするためのリーダーの約束事

1　何をもって「良さ」とするか

繰り返しになりますが、子どもの姿がよくなれば、（少し時間差はありますが）結果として「学校はいいことをやっている」となります。誰かのエゴや大人の都合ではなく、学業はもとより、友達関係、部活など、子ども自身がいいと思える環境をつくることが教員の仕事です。そうなるために、何をすればよいかを常に考えればよいのです。

しかし、子どもにばかり目がいってしまい、教員である自分の足元が見えなくなってしまっては本末転倒です。なぜなら、教員自身が自分の職場をいいと思えなければ、そもそも子どもがいいと思える学校にはなりようがないからです。

いい職場をつくるには、教員同士の仲の良さは重要な要素です。私の職場観は、柔らかさです。フェイスブックではありませんが、教員同士お互いの取組を見合い、「いいね♪」って伝え合える関係です。すると、意外に新しい提案が生まれるし、教員同士の人間関係もよりいっそう和気あいあいとしてきます。このような前向きなベクトルのある職場はいい職場、その反対が駄目な職場。話は簡単です。

何をもって「良さ」とするか、あるいは「悪さ」とするかを決めるとき、「悪さ」を基準にして、その反対が「良さ」としてしまうと、息苦しい職場になります。「あれがダメ」「これがダメ」と禁則を価値とせざるを得なくなるからです。そのため、「良さ」が、「そうならなくてよかった」という上っ面かつ杓子定規のものとなってしまいます。ひどいときには、お互いに監視し合うような嫌なムードが生まれることもあります。

スカートの丈をミリ単位で決めて、抜き打ちでチェック、違反したら懲戒。子どもたちは表面的に従うか、あからさまに反抗するか。教員にしたってやりたくてやっているわけではない。そんなことをしていたら一年で破綻し、学校が荒れます。ずいぶん昔に報道された校則問題の話ですが、このようなことが教職員間で起きたら、誰にとってもいいことはありませんし、何より楽しくありません。

教員も子どもも元気になるような「良さ」が、まず何よりも先にあって、それを打ち消すものを「悪さ」とすることが肝要です。「良さ」を引き出す職場環境をつくるのです。

2 「良貨が悪貨を駆逐する?」

そのためには、ネガティブな発言を一切封じることです。

そうはいっても、教員に直接「ネガティブなことは言ってはいけません」と指導することではありません。誰かの意見と違う意見や反する意見も大事です。単に「言うな」では、教員が萎縮してしまい、発言そのものを躊躇するような雰囲気が生まれます。職場のモチベーションを下げるだけで、何もいいことがありません。建設的な反論や協議にしていかなければならないのです。

そこで、私は次のように言っていました。

「反論することは大切なこと。でも、反対するだけではいけません。どうすればよいか、アイディア（代案）を出してください」

このように言えば、お互いに角を立たせることなく、ネガティブな発言を封じることができます。

もし、代案を出されて、それがよければ褒めて採用することです。「おお、こっちのほうがいいじゃないの。これやろう」私が何回も使ったセリフです。

よく「悪貨が良貨を駆逐する」と言ったりしますが、これはその逆バージョン。良さが悪さを封じ込める試みです。

ただ、こうした反論や代案をしっかり受け止められるためには、管理職はもとより、教員組織そのものが柔軟である必要があります。もし、せっかくおもしろい提案をしてくれたのに、「そうした提案は去年の2月ごろに言ってくれないと、年間の計画に組み込めません」と返してしまったら、ちっとも建設的にはなりません。

発言者にしたって「何か言えというから言ったのに、最初から何も言わなければよかった」と、かえってモチベーションを下げます。のみならず、「結局、何を言ってもムダ」という空気になったら、組織全体のモラール（士気）まで下がってしまいます。

ですから、私は、どんな提案であっても、子どもたちや教員にとって良いこと、おもしろいことだったら、「とりあえず、やってみて」と言っていました。「多少大変になっても、まぁいいじゃないですか」と。

年間の計画から逸脱するような事柄であれば、小グループをつくって、計画外のものとして別枠でトライし、よりよい成果が出れば拡大すればよいのです。そのような柔軟さをもった組織をつくっておくことが肝要です。

「また校長の気まぐれで新しいことが生まれちゃったよ」みたいなことを言われた

こともありますが、それでもとにかくやってみて、結果として子どもがよくなれば結果オーライ。もしうまくいかなくても、一部での試行は本道の計画進行をさほど妨げるものでないので笑って済ませることができます。

3　新しい提案には失敗がない

前例がないから新しいことなのです。ですから、(変な言い方ですが)新しい提案には失敗がありません。やるだけやって思ったようにいかなかったら笑って済ませて、次からやらなければいいだけの話です。それを攻撃してはいけません。

結果に対して、誰かから糾弾されようがないのが、新しいことの特徴です。こうした本質をよく理解している人にとっては、新しいことはむしろ気楽なのです。

しかし、一般的には真逆の受け止め方です。ですから、新しいことはなかなかやりがたりません。失敗はないと言われても、どうしても怖れてしまうのです。しかし、失敗したところで、さしたる痛みも感じないということが経験としてわかってくれば、次は大丈夫だとチャレンジする姿勢が生まれてきます。

一般に、教員は新しいことの提案には憶病です。最初のうちは心の中でモヤモヤとしています。ですから、そのようなモヤモヤを1回どこかで突き崩さないといけません。それもリーダーの役目です。ときには多少の強引さも必要です。「とにかく、まずやってみよう」とけしかけて、とにかく教員をその気にさせるのです。

このような発想が教員に伝播し、新しいことにチャレンジしようとする雰囲気を少しずつつくり出します。それが最初にできるのは管理職だけです。うまく組織をまわしている学校では、みな同じようにやっています。どのような組織も、目的とするところや手法が違うだけで、基本的な考え方も心のあり方も、みな同じようなものだと感じています。

他者との関係性のよりよい循環が、学校のパフォーマンスを引きあげる

1 「三方良し」

古くから「三方良し」という言葉があります。商売で言えば、「売り手良し、買い手良し、世間良し」の関係です。近江商人の理念です。商業活動において、売り手と買い手のみならず、社会全体の経済活動が底上げされるなど、次の商業活動へと循環していく形をなします。社会にとっても役に立つ、だから望ましいというの

が三方良し。

ただ、いまどきは「売り手良し。以上！」みたいなこともあって、自分が得をするためには、ほかの誰かが損することを「良し」とする発想です。「誰かを騙そうが、自分が儲かればいい」わけですから、詐欺商法のようなものです。

また、「三方良し」と似た考え方に、ウィン・ウィンがあります。その関係で言えば、「売り手良し、買い手良し」。売り手だけではなく、買い手も満足できる。たとえば、いい商品であったとか、いいサービスを受けられたとか、お互い得をしている関係です。このウィン・ウィンには「世間良し」がありません。

実は、この「世間良し」が肝です。

教育現場に置き換えると、教職員がOK、子どもたちもOK、保護者・地域社会にとってもOKという状況を想定することができます。すなわち、学校全体のパフォーマンスが高まるだけでなく、地域資源（リソース）を有効活用できるようになるので、それが次の教育活動に生きてくるのです。

もし教職員だけOKだったら、子どもたちはついてこないだろうし、学校のパフォーマンスは低下します。子どもたちと保護者・地域だけがOKであっても、教員に還元されないなら学校は迷走します。

人事考課が大事だと言われている昨今ですが、今のところはせいぜいのところウィン・ウィンの関係をめざすものです。しかし、本当は、それが学校や地域にとってどれだけ貢献するものとなっているかこそ問われるべきなのです。

2　マジカル・ナンバー3

この「三方」の3という考え方を、私はマジカル・ナンバー3と呼んでいます。常に、3で物事を考える。

たとえば、日本語の節回しは、5・7・5でできていますが、7という数字は3と4で構成している。これを紐解くと、日本の言葉は、3・4・5のリズムで構成されていることがわかります。

この3は奇数であり、一番元の数ですが、この元の数字で物事を考えるわけです。これはフィンランド・メソッドなどとも共通します。

たとえば、誰かに理由を述べさせる場合も3つ。すると、1つ目の理由、2つ目の理由は割と言えても、3つ目はなかなかあげられないことに気づきます。

たとえば、教職員との面談の際に、「あなたは来年度、国語科での並行読書に取り組んでいきたいとのことですが、それはなぜですか?　3つあげてみてください」

と問うたとします。

「えっと、1つ目は、子どもたちの読みの力を深めさせたいからです」

それでは2つ目は？と聞くと、「違う作品を並行して読むことで、さまざまなものの見方を育てることができるからです」など、1つ目とは、異なる着眼点から答えるでしょう。

そして、3つ目、これがなかなかむずかしい。2つは普通言えるのですが、3つ目ってなかなか言えません。なぜか。

理由を3つ言うためには、自分自身の望むことの理解、望む対象への理解、そしてもう一つ、自分自身の本質にかかわる理解の3つが必要となるからです。

3で物事を考えるというのは、それぞれ違う角度から3点言わなくてはならないことが要求されます。すなわち、3つで物事を考えることができれば、思考がものすごく深くなるのです。だから3なのです。

3で考えるというのは、一つの様式です。何事もまず3方向で考えるとは、立体的に物事をとらえる簡単かつ有効な手法なのです。ですから、さきほどの例でいうと、並行読書に意欲を見せる教師。その実現には3つ目の理由が大きくものを言うわけです。

「3つ目は、自分の職能成長のためです。実は、これまで『読むこと』の授業が苦手でした。並行読書に取り組むことによって、もっといい国語の授業ができるようになりたいのです」

このような答えが返ってきたら、聞き手としては「なるほど」となります。最初の2つとは全く違う角度から考えが出てきます。もしかしたら、答えた本人自身びっくりするような考えです。「あれ？　私はこんなことを考えていたのか」と。すると、並行読書への取組というものが明らかに立体になってきます。

この3という考え方を弁証法に当てはめると正反合に相当します。1つ目と2つ目の理由は、「子どもありき」の視点で、方向性はほぼ一緒なのだけど、3つ目は正反合で、教師の指導力、授業力に向かいます。一例ですが、こうした考え方からも、3で物事を立体的に考えることの有用さが見て取れます。

そういう意味で、3方向から考えるこの「三方良し」ですが、これは教育の世界でも思わぬ効用があると思うのです。

第4章
本筋とはちょっと外れた教育を取り巻く周辺事情

コミュニティ・スクールという可能性

学校が地域に開かれた存在となるとともに、地域の教育をつかさどるセンター的機能をもつためのひとつの可能性として、コミュニティ・スクールがスタートしました。

「おらが学校」という考え方や共同性は昔からありましたが、これまでは個々の役割を学校と家庭・地域とで切り分け、それぞれで全うするという分業型でした。

しかし、学校や地域の教育力の低下が言われるようになりました。それならばいっそ学校と地域がともに学校経営に携わることによって、全体の教育力をあげていこうという発想から生まれた方向性です。コミュニティ・スクールとは、地域と一体型の学校経営の手法なのです。

法的に整備されたのは平成16年ですから、実践が開始されておよそ10年経ちました。その期間、試行錯誤を積み重ねていくなかで、さまざまな課題が浮かび上がってきました。そのひとつが、いわば地域のエゴや方向性のズレとどのようにつき合っていくかということです。

学校の方向性が地域と対立するというのはよくあることで、めざすべきベクトルがばらけるようなことがあると、地域の教育上本当に大変なことになってしまいます。地域と学校の関係がぎくしゃくし、それがために校長が何回も変わるようなこともあります。それなら、コミュニティ・スクールになどしないほうがマシだったということもあるわけです。

私は長くコミュニティ・スクールの運営に携わってきました。そのなかで「学校と地域が共に」という文脈のうち、何を「共に」するのかの明確な位置づけが必要であることがわかりました。すなわち、学校教育の内側については学校が主体、学校教育の外側については地域が主体という棲み分けです。**利害の異なる学校と地域が同じ目線で議論をしてしまえば、対立か妥協かの二択になってしまう**からです。

私の経験では、地域と学校の関係でうまくいくこともあれば、どうにもならないこともありました。ただ、それでもなおコミュニティ・スクールの意義と効果は確かにあると信じています。それを裏づける経験もしてきたように思います。

あるコミュニティ・スクールの学校運営協議会には、地域のボスと言うにふさわしいすごい人がいました。彼は常々「子どもたちがいったん下校したならば、あとは俺たちが守る」と公言していました。

守るというのは、事故や事件から子どもたちを守るというだけではありません。「学校教育の外側にある子どもたちへの責任は地域にある」「だから、学校に迷惑をかけない」という彼の言葉には、子どものみならず学校を守るということまでをも含むものだったのです。ただ、本当にすごい人でしたが、どの地域にもそんな人がいるとは限りません。

私は「地域と学校の関係というのは、もちつもたれつなんだなぁ」とつくづく思います。防災の側面からも、今後ますます学校を頼りにせざるを得ない地域もあるでしょうし、逆に人材面で地域を頼りにしたいと考えている学校もあるでしょう。

まさに、お互いさま。こうしたとらえで、お互いのベクトルを一致させていけるかどうかが、これからの学校教育の成否を決定するのだろうと言っても過言ではありません。

いわゆる地域のエゴやズレとどうつき合うか

学校がコミュニティ・スクールになれば、必ずと言ってよいほどこの問題が浮上します。地域と言ってもさまざまですが、学校経営の中枢に意見を直接言えるようになれば、地域の論理が学校にもち込まれます。それを承知の上で、地域の知見と支援を得て、子どもたちの教育をよりよくしようとするのがコミュニティ・スクールなのです。

しかしもし、地域が分裂していたら、その分裂そのものが学校にもち込まれます。学校が板挟みになって、地域同士の代理戦争に発展することもあります。私もかつてそのようなことを経験しました。

校長として私が赴任した学校の地域は、古くから住んでいる地域グループと、十数年前につくられた団地に移り住んできた新しい地域グループの双方から成っていました。

学校へのスタンスとして、双方の地域グループの考えは真っ二つ。

一方は、「学校は何やっているんだ、ちゃんとやってくれないと子どもがよくならない」と、（善良な批判精神からだったのかもしれませんが）とにかく批判や課題提示がベース。もう一方は「いやいや、批判ばかりしていても悪くなるだけ。学校や地域を支えていくことが子どもたちをよくする」というスタンスで、双方の地域がガチンコ対決のような敵対関係になってしまったのです（このような対立もけっこうあるようです）。

学校の教育活動は、教育課程に基づいて行うわけですから、教員がメインにならざるを得ません。私は校長として、常に新しいことへのチャレンジを続けてきましたが、こと教育課程に着目して考えれば、できることはおのずから限られてきます。たとえば、習熟度別学習ひとつにしても、学習指導要領を逸脱することはできません。地域が望んだからといって、何でも好き勝手にというわけにはいかないのです。学校が守るべきガイドラインもあるのです。

学校としては、「いかに創造性と想像力を駆使してチャレンジしていくか」ですから、いかに地域の声が大切だといっても、学校の教育活動は学校が主体者でなければならないのです。

だからこそ、コミュニティ・スクールは、地域が学校経営に直接関与するものの、そのスタンスとしては学校を応援する立場にならないとダメだという結論に達しました。校長や学校の上に地域があるという認識では、学校経営は混乱します。

もっとはっきり言うと、そのときの学校の方針を是としてくれない限り、学校教育自体がうまくいかないということなのです。学校の方針と地域の方針がズレていたら、結局どちらもやりにくくなってしまうだけです。

そこで、学校の支援者たる立場を表明していた地域グループを残し、もう一方の地域グループには、結果としてご遠慮いただくことにしました。子どもたちの育成にとってより望ましいと考える地域グループと手を組むことにしたのです。

たとえコミュニティ・スクールといえども、学校は地域の方針に基づいて経営するわけではありません。教育委員会の方針を鑑みつつ、公立学校としてのナショナル・カリキュラム（学習指導要領）に基づき、地域の知見を取り入れつつも、校長の学校経営の方針に則って学校をつくっていくという自律性がとても重要なのです。

もし、学校と地域が共に自分たちの伝統や実践に自信をもち、それを地域の外側に向かって発信するだけでなく、地域外からの評価を得て、それがまた地域に還元されるような持続可能な循環が生まれれば、学校や校長が地域のエゴにどうつき合えばよいかなどといちいち考えなくても済むようになるのかもしれません。

そのような学校経営をめざし、当面は地域と手を携えながら、校長の方針に基づく学校経営を行うことが必要だと思うのです。

「インプット型の教育」から「アウトプット型の教育」へ

これまでの教育課程は、国が子どもたちに教えるべき内容を学習指導要領に定め、現場の教員が教え方を創意工夫して知識を伝達する、という手法をとってきました。

平成26年11月には、次の学習指導要領改訂についての中央教育審議会諮問が出されましたが、これからは、一例としてアクティブ・ラーニングに象徴される時代に入ります。

子どもたちに身につけさせたい汎用的能力を明らかにしたうえで、その能力を育成するための手法として、子ども自らが課題の発見と解決に向けて主体的・協働的に学ぶ教育への転換をめざそうというわけです。

そのとき、重視される観点が、教員は何を教えたかではなく、子どもは何を学んだのか、そして「何ができるようになったのか」、すなわちインプットかアウトプットの教育への転換です。

このようなコンピテンシーを重視する方向はこれまでにもありましたが（読解力や21世紀型スキルなど）、今後よりいっそうその傾向に拍車がかかります。「教員は、授業で教壇に立ち、教科書を使い、板書をし、それを子どもたちに写させる」このようなルーティンで、果たして子どもが生きて働く力を身につけられるのかを真摯に考える転換期に来ているのだと思います。

私が本書で主張する「教師中心の授業」とは、よく批判を浴びる一斉画一型の授業とは違います。むしろ全くの逆。**子ども自身が自らの発想と意思で学んでいける授業です。そうした授業を実現するためには、**（逆説的ですが）**いままで以上に、教師の関与が必要になる**ということなのです。

つまり、教員自身がいかに授業をデザイン（設計）し、子ども自身の力となるような学びをディレクション（演出）できるかにかかっていると言えます。そうした新しい形での授業のために、外からの与えられたカリキュラムではなく、教師中心であるべきだということなのです。

これは「上から降りてきた」「だから○○はやらなければならない」といった「やらされ感」では、決して実現しません。相当程度の裁量が教員に与えられ、かつ余裕をもって授業に臨める組織を経営層がつくっていかなければならない時代に突入するのだということです。

一例として、英語学習を挙げてみましょう。

小学校から大学に至るまで、あれほど多くの時間を注ぎ込んでいる英語学習。しかし、一般の日本人は英語の日常会話すらおぼつかない、自分の考えを言うことなど到底できないという現実があります。これで世界に伍していける日本人が育つのでしょうか。

英語学習ひとつとってみても、「量」と「質」と「実」がかけ離れている状況があります。国レベルでの切り分けで言えば「量」とは授業時間数、「質」とは学習指導要領、「実」とはコンピテンシーといったところでしょうか。これがちぐはぐだという問題意識が根っこにあります。ここに楔を打って、「〇〇ができるようになる」教育への転換を求めようとしているわけです。

この話は、また新しい「〇〇教育」が追加されるということではありません。むしろ、教員自身の授業観、指導観、さらに言えば教育観の転換を求めるものです。そして、それは、これまでに主張してきた論点と軌を一にするものです。

「意」と「自」の学び

学校にとって、子どもや保護者は、本来はれっきとしたステークホルダー（利害関係者）です。そうであるならば、学校教育も商業活動と同じようなサービスの一つだという見方をする人もいるでしょう。この見方では、子どもは教育の主体なのだから、サービスを提供するお客さまだ、保護者だってそうだという発想になります。しかし、公立学校は、そもそもそのような意識と構造をもっていません。

医療サービスなども同様のことがいえます。

医療サービスには、患者の病気を治すことは含まれていません。ここはよく誤解のあるところだとは思いますが、実は医者は患者の病気を治すことはできないのです。患者自身が自分の病気を治すための手助けをしているにすぎません。体の病気であれ、心の病気であれ、病気を治すのは結局は自分自身だということです。

教育でもそれは同じです。どれだけ教員ががんばっても、子ども自身が学び取ろうとしなければ、自律的ではなく他律的になってしまいます。それでは能力と可能性の高まりを期待することはできません。井戸端まで連れて行けても水を飲ますことはできないのです。

私は、これまで「意」と「自」の学びということを言い続けてきました。「意」というのは意欲、意図、意識の「意」、すなわち意志を介した学びです。「自」とは「自分で」という自律的な、自らスタートするような学びです。

このように考えると、子どもや保護者は、お客さんにはなり得ない存在であることがわかります。言うなれば、**子どもや保護者は、教員と共に学校をつくっていく、共に教育を生み出していく、すなわち学校と相対するのではなく、同じ地平に立つ主体的な存在である**わけです。

「意」と「自」の学びを実現するために、私は教員時代に教科リーダーという取組をしてきました。係活動のように、「役割」を与えるだけでなく、リーダーとしての「権限」を子どもたちに付与するという取組です。

たとえば、国語係なら国語リーダー、合唱コンクールなら合唱リーダーという案配です。教科リーダーは係じゃない、教科の責任者なんだという考え方。そうした教科リーダーの名の下に、子どもたちのグループを組織するようにしていました。授業への主体的かつ自律的な参画を求めたのです。

子どもたちに、学校をつくっていく主体となってもらう。学校組織の構成員は、なにも教員だけではないのです。生徒会など委員会活動、係活動、あるいは部活動も同様です。こうした一切合切を含めて私は学校組織と呼んでいるのです。

いま、そこにある危機

1 公立学校への保護者の意識

いま、学校はさまざまな岐路に立たされていると思います。昔、存在していたはずの機能がうまく働かなくなってきているようにも感じます。もし、このままの状態を放置していたら、公立学校では子どもが育たないという風潮が生まれてしまうかもしれません。

それは、意識の上でも現実的にも双方においてです。要するに、経済的に余裕がある家庭で、子どもがある程度勉強できるのではあれば、保護者は迷わず私立学校を選択する、一方、公立学校に行かせる家庭は、ほかに選択肢がないから仕方なく、という案配です。こうした価値意識が、社会全体に広まっていくのではないかと危惧するのです。

このことは、私立学校と公立学校との関係においてだけではありません。公立学校間でさえ格差が生まれはじめていることを示唆しています。

「公立学校なんてどこ行ったたって同じだろう」が、スタンダードな時代ではなくなりつつあります。「こっちの学校がいい」「いやいや、そうじゃなくてこっちの学校のほうがいい」などなど。たとえば、東京都はすでに適性検査を行う中高一貫校を設置しはじめています。

こうした価値意識の裏側に、いったいどんな動機が潜んでいるのでしょうか。

私は、どうも保護者は評判の良い学校に行けば、そこにはいい先生がいっぱいいると思っているんじゃないかと考えています。それでいて、どのような先生が「いい先生」なのかについては、保護者自身よくわかっていないように思えます。「みんなそう言うから、きっとそうに違いない」そんなレベルでしょう。

結局、保護者が何となく思い描いている「いい先生」とは、自分の子どもの頭をよくしてくれて、やさしくしてくれて、ときには叱ってくれて、いい子にしてくれる先生です。果たして、そんな夢のような先生が、評判の良い学校にはいっぱいいるのでしょうか。

結局のところ、それは幻想なのです。**保護者が考える「いい先生」とは、保護者**

にとって都合のいい先生にほかなりません。

現実的に、公立学校においても、選ばれる学校、選ばれない学校ということが出てきてしまいました。学校選択制といった問題だけではなく、自分たちの住む地域を出て行ってまで、ほかの学校に行くような風潮も、これまで以上に大きくなっています。

「評判の良い学校が、自分の子どもにとっても良い学校」という幻想が、市民権を得たかのように広がっています。そして、学校はそれに振り回されています。その結果、都市部を中心として公立学校への格差意識が生まれているように思います。

2　3つの学校間格差

学校間格差には、大きく分けて3つあります。金銭の格差、地域の格差、そして距離の格差です。

まず、経済的な格差。家庭の資産状況とか、教育への保護者の意識など、金銭に伴う格差がひとつ。

それから、地域の格差。たとえば同じ区市にあっても、施設・設備からして全部違うということが増えてきました。最新の施設・設備が整った学校に通える子どももいれば、そうでない学校に通わざる得ない子どももいるということです。

それからもう一つは距離の格差です。こと学力に関して言えば、田舎の学校に通うメリットに比べて、都市部の学校に通うアドバンテージが天文学的に大きくなってしまいました。さらに、都市部であっても、都市間で格差が広がっています。

さて、こうした学校間格差は、ある日突然生まれたものでしょうか。

私にはとてもそうは思えません。むしろそんな格差など、昔からあったはずなのです。ただ、昔の場合は、いい意味で「公然の秘密」であったのに対し、現在は誰の目にも明らかなくらい顕在化してしまったということが言えます。

多くの人が口にする教育格差は、これまでに存在しなかったものが突然変異的に生まれ、それが広がっているということではないと思います。**いま、世間に蔓延しているのは、実態としての格差ではなく、格差意識なのだ**と思います。

名目上、学習指導要領は全国どこの学校においても、同じ一定水準の教育を受けるために設けられた教育課程の基準です。そのような前提にのっとって公教育が成立しています。ですから、本来であれば、「どこでも同じ教育が受けられるはず」です。

しかし、現実には、公立学校においても、昔から研究指定校や研究開発学校、教育課程特例校といった特別な学校もあるし、教育委員会も教育推進モデル校を設けていたりします。「どこでも同じ教育」とはほど遠い実態があるわけです。

ただ、昔はこうした特別の教育を受けられる学校は、教育関係者だけが「知る人ぞ知る」ものにすぎませんでした。しかし、現在は、このように水面下にあったはずの「公然の秘密」が、白日の下にさらされてしまった、むき出しにされてしまったのです。

一億総中流意識というものが、かつてありました。要するに、「いろいろあるけど、結局はみんな一緒」という意識です。それがもろくも崩れ去り、一部の高額所得者と、数多くの低所得者が顕在化するようになったことと軌を一にして、学校の教育格差が言われるようになりました。

非常に困った形で、格差が見える化してしまったと言ってよいと思います。これはとても大きな問題で、見える化によって公教育全体の劣化現象が見られるようになりました。しかも、その劣化速度が加速しつつあります。そして、その加速度の背景に、グローバリズムが見え隠れしています。

グローバリズムが教育現場にもたらすもの

1　価値観は本当に多様化しているのか

現代社会では、人々の価値観が多様化していると言われます。それは、マスコミをはじめ世界の大合唱です。しかし、はたして本当にそうなのでしょうか。それをむやみに信じ込んではいけません。真実は全くの逆かもしれないのです。なぜなら、もともと人の価値観というものは、大昔から多様であり続けているからです。

たとえば、「十人十色」この四字熟語は、現代に生まれた言葉でしょうか？「蓼食う虫も好き好き」「百人百様」「各人各様」「三者三様」「千差万別」など枚挙にいとまがありません。「蓼食う虫も好き好き」などは、中国南宋の時代に生まれた言葉。この発想は700年以上前まで遡ります。

本来、人の価値観は、いつの時代にも多様だったはずなのです。しかも、その多様であることが尊重されてもいました。教育の世界でもそうです。「あー、あそこの学校はそうだよね。でもうちの学校は違うけどね」という風土があり、（お互い仲よくできるかはさておき）少なくともお互いを認め合う雰囲気というか、一定の垣根があったのです。

しかし、それがいま、グローバリズムによって、その垣根が障壁という名称にすげ替えられ、急速に壊れつつあります。

2 グローバリズムとは何か

グローバリズムとは、いままであった障壁を取り払うことで、みなで自由に公正な競争ができる、みなにチャンスの平等が生まれる、全体に広がる、そうしたことを美徳として、国と国、地域と地域の間にあった垣根をすべて取り去ってしまおうとする方向性であり思想です。

この思想においては、それぞれの国や組織相互の分け隔つ垣根を障壁と呼び、それらをすべてなくしてしまうことを尊びます。まるで壁という壁はすべからく悪に仕立てられているかのようです。この思想は、強大さとスピードをもち、全世界を覆い尽くさんとするばかりの勢いです。

もしこうした障壁（垣根）をすべて取り払ってしまえば、いったい何が起きるのでしょうか。価値観の多様化どころか、まったくの逆。価値観は間違いなく画一化していきます。

3 かつてあったはずの価値と価値意識

さて、ここで時代を30年ほど遡ってみましょう。グローバリズムなどと言われる前のころです。

たとえば、農家をすごく大事にしているAという地域があります。そこには、勉強なんかできなくても農作業がしっかりできればいいという風潮です。

Bという地域は、進学志向の強い地域です。学力社会で金の稼げるサラリーマンとして生きていく、あるいは官僚としてのし上がっていくことを価値とする風潮です。この地域では、何よりも勉強が大事だという価値観です。

AともBとも違うCという地域があります。そこでは、のんびりした風土で時間がゆったりと流れています。だから、せかせかする必要はない、むしろ金なんかなくても、地域の人たちと仲よくやっていくことこそ最大の価値だと考えています。

さて、これらA、B、Cの地域に優劣をつけることができるでしょうか。私には、どの地域にもそれぞれの良さがあるという以外にないと思います。

いずれも価値意識です。だからこそ、その地域の、その風土が育んだものの見方、考え方というのが、それぞれ一つの価値として大切にされ、長い時間をかけて育まれていったわけです。そして、私は本来、人間一人ひとりもそうなのではないかと思うのです。

　立派な先生、立派な八百屋さん、立派な政治家、立派な水道職員、そんなさまざまな「立派」が併存する時代が価値意識としてかつてありました。しかし、現代ではどうでしょうか。

　一つには、お金の多寡がその人の全容を評価する指標になっていませんか。この一つのスケール上で**勝ち組、負け組という対立軸があるかのような風潮は、まさに多様さの崩壊を示すものであり、価値観は画一化の方向へ舵を切ってしまったこと**の証左です。

4　価値観の画一化が過度の競争を生み、格差意識を拡大させる

　本来、数多くあったはずの多様な価値観が壊れ、そして残った価値観とは何でしょう。政治の仕組みで言えば、それは新自由主義かもしれません。教育現場であれば学力信奉主義かもしれないし、一般社会で言えば拝金主義といったところでしょうか。何をもそのまま認め合うという価値観ではなく、二元主義となるのです。

　いままで良しとされていたもの、許されていた多様性が否定されたとき、人はそこに新たな格差を見いだすようになります。なぜなら、どのような分野であれ、み

んなが一つの事柄を価値だと見なすから、同一のスケール上で優劣がつけられてしまうからです。この優劣が格差意識を生み出します（異なる価値観同士で、すなわち異なるスケール上で優劣をつけることは本来できませんから）。

現代の子どもたちは、これらのことを理屈としてではなく、空気感として肌で感じ取り、将来への不安感と失望感を募らせているような気がします。


「誰にでも取り柄があるもの。君にだって得意なことがあるじゃないか」

↓「いくら得意だからと言って、それじゃ将来食べていけないじゃん」

「だったら、やはり勉強をがんばりなさい」

↓「いくら勉強したって、勝ち組は狭き門。自分には無理」

「お金を稼ぐことだけが人生じゃないぞ」

↓「でも、お金を稼げなければ、なんにもできないよ」（お金があってはじめての幸せなんだよ）

5　教育現場を漂う閉塞感の正体

価値観が画一化してしまうと、教育行為の多様性まで大きな制約を受け、ますます教育に負荷がかかります。しかも、皮肉にも彼らの多くは、価値観は多様化していると信じ込んでいるのです。

なんて厄介なのでしょう。そうした人たちは、たった一つのスケール上の狭い個性を声高に語り、「成果があるなら、それでいい」とうそぶき、将来への多様な可能性に対し自ら蓋をしようとします。価値の多様性に対して、もはや思考停止に近い状態なのです。

結局のところ、グローバリズムは、一つの尺度による価値観の均一化をもたらすと言えます。だからこそ、競争が可能となり、勝ち負けが生まれるのです。しかも、そうして生まれた競争と勝ち負けの意識は加速度的に苛烈さを増し、格差意識はますます拡大していくでしょう。

しかし、もし多様な価値観が許されるなら、競争自体が希薄になります。勝ち負けの意識が薄らぐからです。いわば、ある特定の価値観を共有する地域内、集団内での競争にとどまりますから、逃げ場もあるのです。つまり、その地域の価値観が嫌だったら、自分に合いそうな違う土地へ行けばいいのです。

グローバリズムのなかでは、ワンスケール・メジャーによってすべてが統合されてしまいます。これは、近代合理主義のなせる業なのか、誰かが意図的に仕掛けた罠なのかわかりませんが、教育にとってまったく迷惑な話です。

これだけ個性豊かでいろいろな人たちがいる時代に、たったひとつの基準に基づいて競争させられ、勝ち負けを強いられることになったら、生きにくいことこのうえありません。そして、**これこそが、いまの教育現場を覆う「閉塞感」の正体**なのではないかと思うのです。

学校は、もっと子どもや教育の多様性を担保していきたいと考えます。

学校教育は、いわばパンドラの箱に残された希望

昔はもっと多様な価値観が許されていました。なぜなら、いまとは違ってみんな世界とつながってはいなかったから。それぞれ自分の土俵で好き勝手にやっていけたわけです。しかし、いまはあたかも弱肉強食を是とするような時代です。

しかし、生物の進化は、弱肉強食ではありません。そうではなくて適者生存です。その適者の「適」は、最も多様性があった種類が、その多様性ゆえに担保されて生き残っていったというわけなのです。だから、多様性を捨象すると、間違いなくそ

の種は死に絶えます。

世界で一番多様に生き残っているのは、実は昆虫です。そのような意味で、昆虫は多様性ある生物として、最も勢力があると言ってよいのではないでしょうか。

こうした多様性は、教育現場においてこそ担保しておかないといけないものです。**多様性のなかで何が自分に必要で、何を自分の価値とするか、自分の意思で選択できる環境と機会を与えることが学校教育の務め**だと思うのです。

もし、これからの社会で、学校崩壊、学校消滅などということがあるとすれば、それは多様性があまりにもないがしろにされた結果として立ち現れるような気がします。

人間の個性、教育の可能性、子どもたちの能力と可能性の伸長なども含めて、これからの学校教育はしっかりその多様性をマネジメントしていく、私はそういう力が必要なんだろうと思うのです。学校教育は、一人ひとりの個性や多様性を大事にし、その価値を高めることが最も大事なのです。

教科書について、もうちょっと語っておきたいこと

学校教育法35条が教科書の使用を義務づけていることの本当の意味。何となくわかっているようで、実はちゃんとした理解に至っていないことが多いような気がします。

教科書は、便利で手軽ですが、それによって教員の主体的な力量形成を妨げている面もあると言えるのではないでしょうか。

教科書の内容を裏づけているのは学習指導要領です。だから、学習指導要領にフォーカスをすることは必要です。しかし、それ以前に学習の目当てやねらいを教員がきちっともっていないといけないと思います。それさえしっかりしていれば、教科書に書いてあることと多少違っていても、私はそれほど悪くないとさえ思うのです。

なぜかというと、そもそも学習指導要領は、法の定めに「準拠」した条文的な箇条書き方式。そのため、教科書にしても、あくまでも学習指導要領に「準拠」してつくられているにすぎないからです。「準拠」である以上、当然イコールではあり

ません。そこには、教科書会社の「解釈」が含まれています。もしそうであるならば、教員だって学習指導要領に「準拠」した「私なりに解釈した授業」をしたってよいのではないでしょうか。

解釈された教科書だけを金科玉条とするという教科書観が変わり、授業観の転換につながることによって、どんな化学変化が起きるのでしょうか。そのひとつに、教科書会社がつくっている指導書から精神的に離れられるということがあると思います。たとえば、「この単元の授業時数は7時間配当」と書かれていたときに、「その時間でやらなくちゃ」ではなく、「そういう考え方もできるよね」という幅のあるとらえ方です。

本来、時間配当は教員が考えればいいのです。私個人の考えを言わせてもらえば、それが教員のカリキュラム・デザイン力を高めます。そのような意味で、指導書などというものは、ある意味余計なお世話なのです。ですから、まぁ、授業の一例くらいに思っておけばいいのです。年間計画をつくるのには便利だから適宜活用すればいいくらいの感じです。

指導計画の雛形をつくるときには、指導書の例示が役立ちます。しかし、本来は

「教員自身が重点を推し量って自力でカリキュラムをつくっていけばいいじゃない

か」と私は思うのです。

たとえば、歴史の学習。杓子定規に授業をしていたら、1年経っても、絶対に現代まで行きつかないと思います。それならばと、歴史の区画割りを自分なりに変えてみる。たとえば、貴族の時代、武士の時代、市民の時代というふうに、ざっくり3つにわけて、それぞれの内容を統合してしまう。そうすれば、授業の進め方が全然違ったものとなります。このような考え方が、カリキュラム・デザインであり、教員はそのような力を高めるべきなのです。

ちょっとした発想の転換です。学習指導要領と目の前にいる子どもたちの様子（学力や落ち着き）をしっかり掴んだうえで、許される範囲で端折ってしまえばいい。さらに極論すれば、「いま」「目の前にいる子どもたちに」「どんな力をつけさせたいのか」から外れさえしなければ、何を使って何をやってもいいのではないかと私は思っているのです。

一人ひとりの教員が、国の基準である学習指導要領を踏まえつつ、創意工夫、開発による多様な教育を実現し、子どもに応じた多様な力を育てること、実はこれこそが日本の公教育の最大の使命なのです。

終章 「いま」を「生きる」ということ

私は、「学力」という言葉をあまり使いません。よく「能力と可能性」などと、「能力」に続けて、必ず「可能性」をつけ加えて言っています。なぜかというと、学力だけ、能力だけでは、人間という生き物はよりよく動かないからです。

人間は「自分はできるかもしれない」「これをやってみたいな」「こういうこと、やれるのかもしれない」と思えることがあってはじめて、穴ぐらから出てくるようにのそのそと動きはじめます。

実は、いまある能力は、自分のできること、めざすことを達成するためのツールとして必要なものなのです。そうであるからこそ、未来への「可能性」が人を動かし、「能力」がその人の未来へと続く「いま」をつくり出していけるのです。能力は、いまと未来の可能性を結ぶキーなのです。

能力と可能性に満ちた豊かな感性を有する子どもを育てることが、教員の成果であり、そのような子どもを育てられる教員のパフォーマンスを高めていくことが、管理職の成果なのです。子どもの成長＝教員の成果＝学校の機能なのです。

その一方で、現実には学校には夢や希望をもっていない子がいます。むしろ、もっている子のほうが少ないかもしれません。中学生でも高校生でもそうです。もっというと大学生だってあまり変わりないかもしれません。

学校は、夢や希望という言葉が好きです。だからついつい使ってしまうのですが、学校生活を送る10代の子どもに、まだ見ぬ大人の社会を見据えて、将来の夢や希望を明確にもつなど至難の業です。多くの場合、夢や希望はあっても漠然としたものなのです。

教育制度としては、インターンシップやキャリア教育、職業教育というものがありますが、実社会に実際に出てみないことにはわからないことだらけです。また、社会が変わると、その職業も変わっていくのです。そんなむずかしいことを子どもたちに要求してみても、子どもたちを困らせるだけです。彼らにしてみたら、教師の顔色をうかがいつつ、「仕方がないな」とばかりに、たいして思ってもいない夢や希望をひねり出して答えているのがほとんどなのですから。

もちろん、なかには、小学生のうちからしっかりとした人生設計を立て、夢や希望をもって将来に向けた準備を進めている子もいるでしょう。立派なことです。しかし、そんな子は多くないはずです。だから、私は「学力」というのではなく、「夢や希望」というのでもなく、「能力や可能性」と言っているのです。

学力は、現時点での暫定的な評価にすぎません。「夢や希望」はまだ見ぬ将来への到達点です。どっちも極端でかけ離れすぎているのです。ここに私は着目しています。

たとえば、高校進学にしても、大学進学にしても、第一、第二、第三、第四って希望を出すでしょう。しかし、いくら細かく段階を定めたところで、本音のところでは「第一希望に受かれば成功、第二希望以降はすべて失敗」ということになってしまう。「それじゃ、第二希望なんて、最初から出す意味ないじゃないか」という話。

いったいなぜ、そうしたことになってしまうのか。

「学力」「夢や希望」双方の言葉とも、ただ強調されれば、子どもたちの可能性をかえって矮小化させてしまいます。

たとえば、学力だけにスポットを当てれば、自分の実力と相対的に一番高い地点が唯一無二の成功点になってしまう。夢や希望ということになると、医者になりたいとか、スポーツ選手になりたいとか、対象が職業を指すものとなりがちだから、その職業につけなければ失敗、挫折ということになってしまう。

どっちにしても、あまり回り道など認めてくれません。「最短ルートで人生を進んでいきなさい」と暗に要求しているようなものです。つまり成功という足場がものすごく狭いのです。ちょっとでもその足場から外れたら、失敗、転落となります。正直息苦しいことこの上ないし、「もし失敗したら、私の人生どうしたらいいの？」となるのは必然です。だから、子どもなりに苦しんでしまうのです。

で、実際のところはどうかといえば、第一希望に行こうが、第二希望に行こうが、人生においては本当はたいして違いなんてありません。いや、違いがあるかどうかすら怪しいものです。

私は、第一、第二希望の学校に落ちて、第三希望の学校に行ったら、将来の妻に出会いました。いわば、仕方なく行った学校だったはずなのに、私と同じように仕方なく入学した女性がいて、やがて知り合い、結婚することになったのです。

もう行き当たりばったり。人生はある意味そんなものだと思っているし、別にそれも悪くもなかったから、まぁいいや、と思ってもいます。もちろん、落ちた直後は、落ち込みましたが、よくよく考えてみると、そんなに行きたい学校だったかなあとも思うのです。（開き直りが早いだけかもしれませんが…）

進路指導の先生が希望を出せと言うから出しただけ、別にさしたる理由もなく自分が入れそうな学校のなかで学力的に一番高いところを進路表に書き込んだだけだったのです。本当は、学校内部のことは入ってみなければわからないので、そもそも選びようがないのです。

それでは、自分はいったい何に落ち込んでいるのだろうと思ったら、何のことはない。ただ単に「自分が受験に失敗した」というレッテルが貼られることへの周囲の目、恐怖感だったわけです。まわりの人にどう思われるかという心配だけです。

教員になってからも、万事そんな案配でした。私は最初千葉県で教鞭をとっていたのですが、最終的には東京都の学校で教員生活を終えました。別に自分の強い思いから、というわけでもなく、プライベートの事情から仕方なくそうなったという案配です。でも、思い返すと、十分に充実した教員生活を送れたと思います。

社会がますます変化するなかにあって、人生、どこでどう転ぶかわかったものではありません。短期的視点で学力をとらえてもあまり意味はないし、将来への夢や希望を強調するだけでは、子どもをよく生かせないのです。それよりも、自分が「いま」「どこ」にいて、どのような「立ち位置」で、それをどう「生かしていくのか」、つまり「いま」こそが大事なのではないかと思うのです。

10代でも20代でもそう、30代でもそう、いつだってもそう。常に「いま」が大事。

それを子どもにも教員にも語り続けているのです。

神さまの啓示に導かれて、自分の将来を予見し、自分がなりたい職業につく、そんなことがあればすばらしいことだし、夢が実現することに文句をつける人はいないでしょう。しかし、私の言いたいことは、何がその人の将来をつくり出していくか、なかなか予想できないということなのです。

「いま」この場所での人との出会い、「いま」自分のやりたいと思うこと、「いま」自分がふがいないと思うこと、「いま」自分ががんばっていること、こうしたさまざまな「いま」が折り重なって、そのつど「自分」を更新していく、それが結局は将来の「自分」になっていくというイメージです。**「いま」の有する多重性や多様性が大切**なのです。

結局「いま」の充実がなければ、自分の良さに見合った「将来」はやってこないと思います。ですから、たとえば、希望した学校なのか、職場なのかということは割とどうでもいいこと。どの場所にいたとしても、そこでの「いま」をどう生きるか。それこそが大切なのです。

もっとはっきり言えば、いまどこにいたっていいのです。未来は与えられたり、予定されているものではない。そのときどきの「いま」というパーツを自分でつくりあげていくことが、結果的に望ましい将来につながっていくと思うのです。それが、私の考えるキャリア教育を越えたライフマネジメントです。

次に、そういった「能力と可能性」を、いった誰がを見いだすのか、という点についていて語っておきたいと思います。

それは、はたして子どもたちでしょうか？　彼ら自身が自分の能力に気づき高め、可能性を見いだしていく。一見すると、すばらしいことのように見えます。しかし、それはきわめて困難です。こんな話を知人としていたら、彼は次のようなことを言い出しました。

「たとえば中学生くらいで、自分のもっている能力や可能性を知ることができるんでしょうかね。人からどう見られているかについてはとても敏感だけど、自分がどんな能力をもっているかについては鈍感な気がします。

むしろ自分の意思で、（無意識かもしれませんが）見ないようにしているようにさえ思えるのです。大人に比べたら、自分はたいしたことはできないとわかっているから、むしろあまり知りたくないというくらいに感じている。

可能性にいたっては、もはや絵空事。なりたくないことなら、足の指を入れても足りないくらいだけど、なりたいことなんて浮かばないから気持ちが落ち込むだけ。経済的にも精神的にも、よほど恵まれた家庭の子でない限り、自分の能力や可能性を判断するのは相当むずかしいのではないでしょうか」

そこで、私は彼に次のように問いました。

「あなたが子どものときは、自分の能力や可能性なんてわからなかったでしょう?」

「まったくわからなかったですね。むしろ大人になって、社会に出てから見いだせるようになりました。だから、いま楽しく仕事ができるようになっているのです」

彼の話がすべてを物語っているように思います。

私たちは、そのときどきの「いま」の蓄積＝経験というふるいにかけられて、生き残ったものを自分の人生訓としているわけです。子どもたちにそんな経験があるわけがありません。これから積んでいくわけですから当然です。

ですから、子どもたちの「能力や可能性」を見いだすのは、子どもたちではないはずです。親であり、親族といった周囲の大人たちであり、教員なのです。少なくとも、学校のなかでは教員がそれを見いだし、与えていくものなのではないでしょうか。「君のそういうところが、先生はすばらしいと思う。伸ばしていけば、いつかきっと誰かの役に立てると思うよ」たとえば、こんな言葉かけです。

子ども時代の経験は、いつの日か何らかの形で連鎖していきます。芸は身を助くではないけれど、そのときどきの悪戦苦闘は、その子のなかに多くの引き出しをつくります。そのときには使い道のわからない引き出しだらけかもしれません。しかし、大人になったときに「あれ、これ使えるんじゃない？」みたいな気づきが生まれたりします。

そうした事柄がつながっていくと、いま自分やっていることをおもしろく思えるようになっていくのです。人生は、単線ではなく複線、単調ではなく不確実で多様な可能性に満ちています。しかし、だからこそ単一の基準による勝ち負けではないのです。

＊

子どもと歩む教員自身が「いま」を大切にしなければならないと私は常に考えています。未来につながる子どもたちの多様性や可能性をもっと愛してほしいのです。子どもたちの可能性を信じ、「いま」という多重性を大切にするよう働きかけること、それが未来をつくり出すと語りかけることこそ、教員が「いま」取り組むべき最大のミッションだと私は思うのです。

吉田和夫（よしだ・かずお）

一般社団法人 教育デザイン研究所代表理事
玉川大学教師教育リサーチセンター客員教授

前全日本中学校国語教育研究協議会会長、元東京都中学校国語教育研究会会長、千葉県茂原市立茂原南中学校を初任校とし、同船橋市立行田中学校で勤務後、東京都の教員となり、調布市立第五中学校、稲城市立稲城第五中学校、品川区教育委員会指導主事、東京都教職員研修センター指導主事、杉並区立大宮中学校副校長、八王子市立城山中学校長、新宿区立四谷中学校を経て、平成25年4月より現職。町田市教育委員会社会教育委員。ほか、企業、NPOの役員

なぜ、あの学校は活力に満ちているのか？

プロジェクト型経営のススメ

2015（平成27）年3月1日　初版第1刷発行
2017（平成29）年4月11日　初版第4刷発行

著　者　吉田和夫
発行者　錦織圭之介
発行所　株式会社東洋館出版社
〒113-0021　東京都文京区本駒込5-16-7
営業部　電話 03-3823-9206
FAX 03-3823-9208
編集部　電話 03-3823-9207
FAX 03-3823-9209
振　替　00180-7-96823
URL　http://www.toyokan.co.jp
装　幀　中濱健治
印刷・製本　藤原印刷株式会社

ISBN978-4-491-03101-9　Printed in Japan